Reading and Writing for Success

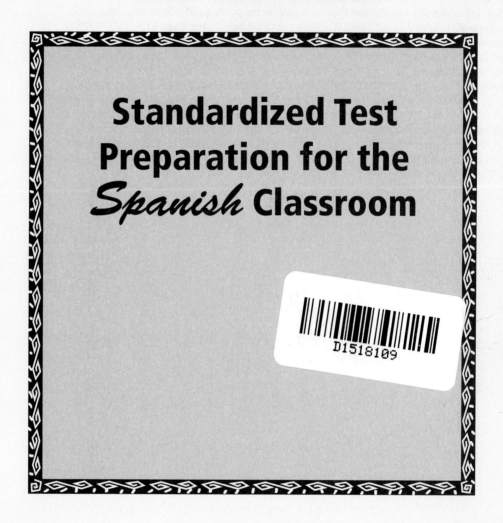

Standardized Test Preparation for the *Spanish* Classroom

D1518109

PEARSON

Prentice
Hall

Needham, Massachusetts
Upper Saddle River, New Jersey

Page 1: (map) Design Associates; (tr) ©Navaswan/FPG; (bl) ©David Young-Wolff/PhotoEdit; **Page 4:** (map) Jennifer Thermes; **Page 10:** (map) Jennifer Thermes; **Page 13:** ©Eldon Doty/H.K.Portfolio, Inc.; **Page 16:** Ted Smykal; **Page 19:** (map) Design Associates; ©Charles & Josette Lenars/CORBIS; **Page 22:** ©Eldon Doty/H.K.Portfolio, Inc.; **Page 25:** ©John Neubauer/PhotoEdit; **Page 26:** (t) ©Sisse Brimberg/NGS Image Collection; (b) ©Dave Albers/ Illustration Works, Inc.; **Page 29:** Ted Smykal; **Page 32:** (t) ©Michelle Chaplow/CORBIS; (b) ©Patrick Ward/CORBIS; **Page 35:** (map) Ted Smykal; Geoffrey Clifford/ASA/IPN Stock; **Page 38:** (t) The Textile Museum, Washington, D.C., no. 91.192 detail; (b) The Textile Museum, Washington, D.C., no. 91.99; **Page 41:** ©Michael Krasowitz/FPG; **Page 44:** (map) Ted Smykal; Jack Parsons/Omni-Photo Communications, Inc.; **Page 45:** Glenn LeBlanc/Index Stock Imagery, Inc.; **Page 48:** (t) ©Nik Wheeler/CORBIS; (b) ©Robert Freck/Odyssey/Chicago; **Page 51:** (t) ©AFP/CORBIS; (b) ©Univisión Network 2000; **Page 54:** (t) ©Reuters Newmedia, Inc./CORBIS; (b) ©Reuters Newmedia, Inc./CORBIS; **Page 60:** Ted Smykal; **Page 63:** (t) ©Robert Freck/Odyssey/Chicago; (b) ©Robert Freck/Odyssey/Chicago; **Page 66:** Ted Smykal; **Page 69:** Ted Smykal; **Page 72:** Macneil Lehrer Productions; **Page 75:** John Burgoyne; **Page 78:** (tr) ©James Davis; Eye Ubiquitous/CORBIS; (t, inset) ©Stuart Westmorland/CORBIS; (bl) ©Art Wolfe/Tony Stone Images; (b, inset) ©Norbert Wu/Tony Stone Images; **Page 85:** Jennifer Thermes; **Page 88:** ©Centro de Arte Reina Sofía, Madrid, Spain/Giraudon, Paris/SuperStock; **Pages 91–92:** ©Eldon Doty/H.K.Portfolio, Inc.; **Page 101:** Ted Smykal; **Page 104:** ©Eldon Doty/H.K.Portfolio, Inc.; **Page 107:** (tl) ©Stuart Westmorland/Tony Stone Images; (bl) ©David Perdew/Stock South/Picture Quest; (c) ©Kelly-Mooney Photography/CORBIS; (r) ©Bob Daemmrich/Stock Boston/Picture Quest; **Page 110:** (t) ©Planet Earth Pictures/FPG; (b) ©Wayne Levin/FPG; **Page 113:** (t) ©Florida State Archives; (b) ©Florida State Archives.

ISBN 0-13-116485-6
2 3 4 5 6 7 8 9 10   08 07 06 05 04

Table of Contents

To the Student

Did you know that becoming a better reader in Spanish can improve your scores on standardized reading tests in English? Research has shown that the skills you develop by reading in a second language are transferred to reading in your first language. Research also shows that the more you practice for standardized tests and work on test-taking strategies, the more your scores will improve. The goal of this book is to help you improve your test-taking strategies and to provide extra practice with readings in both Spanish and English.

Getting to Know the Test

The practice tests in this book offer a variety of readings to reflect the types of passages you might expect to find on a standardized test. They also provide practice for three different types of questions you are apt to encounter on such a test: multiple choice, Short Response, and Extended Response.

Multiple Choice Multiple choice questions always have four answer choices. Pick the <u>one</u> that is the best answer. A correct answer is worth 1 point.

Short Response This symbol appears next to questions requiring short written answers:

This symbol appears next to questions requiring short written answers that are a creative extension based on the reading:

Take approximately 3 to 5 minutes to answer a Short Response question. Read all parts of the question carefully, plan your answer, then write the answer in your own words. A complete answer to a Short Response question is worth 2 points. A partial answer is worth 1 or 0 points.

NOTE: If a Short Response question is written in English, write your answer in English, unless the instructions tell you to do otherwise. If it is written in Spanish, write your answer in Spanish.

Extended Response This symbol appears next to questions requiring longer written answers based on information that can be inferred from the reading:

This symbol appears next to questions requiring longer written answers that are a creative extension based on the reading:

Take approximately 5 to 15 minutes to answer an Extended Response question. A complete answer is worth 4 points. A partial answer is worth 3, 2, 1, or 0 points.

NOTE: If an Extended Response question is written in English, write your answer in English. If it is written in Spanish, write your answer in Spanish.

Taking These Practice Tests

Your teacher will assign a test for classwork or homework, or you might be taking these tests on your own. Each reading is followed by questions, and the Response Sheet immediately follows the questions. For multiple choice questions, you should bubble-in the response. For Short and Extended Response questions, write your answers on the lines provided.

Tips for Improving Your Score

Know the Rules

Learn the rules for any test you take. For example, depending on how a test is scored, it may or may not be advisable to guess if you are not sure of the correct answer. Find that out before you begin the exam. Be sure you understand:

- how much time is allowed for the test
- the types of questions that will be asked
- how the questions should be answered
- how they will be scored

Know Yourself and Make a Plan

Ask yourself: "How will I prepare for the test?" First, ask your teacher to help you list your strengths and weaknesses on tests. Then make a detailed plan for practicing or reviewing. Give yourself plenty of time to prepare. Don't leave everything until the night before. Set aside blocks of uninterrupted time for studying, with short breaks at regular intervals.

Before the Test

Do something relaxing the night before. Then get a good night's sleep, and be sure to eat a nutritious meal before the test. Wear comfortable clothing. If possible, wear a watch or sit where you can see a clock. Make sure you have all the materials you will need. Find out in advance if you will need a certain type of pencil, for example, and bring several with you—already sharpened. Be sure you know where the test is being given and at what time. Plan to arrive early.

Know What You Are Being Asked

There are two basic types of test questions: objective, one-right-answer questions and essay questions. It is essential that you read <u>all</u> questions carefully. Ask yourself, "What are they asking me?" The purpose of a standardized reading test is to determine:

- how well you understand what you read
- how well you are able to use the critical thinking and problem-solving skills that are so critical for success in today's world

Here is a list of basic reading skills:

- Understanding major ideas, details, and organization
- Drawing conclusions
- Understanding cause and effect
- Comparing and contrasting
- Finding, interpreting, and organizing information
- Understanding author's purpose and/or viewpoint
- Understanding character and plot development

Always read the questions <u>before</u> you read the passage. This will help you focus on the task. If it is allowed, ask your teacher to explain any directions you do not understand.

Watch Your Time

Allot a specific amount of time per question—approximately 1 minute for multiple choice, 3 to 5 minutes for Short Response, and 5 to 15 minutes for Extended Response. Do not spend too much time on any one question, and monitor your time so that you will be able to complete the test.

Show What You Know, Relax, and Think Positively

Answer those questions that you are sure about first. If a question seems too difficult, skip it and return to it later. Remember that while some questions may seem hard, others will be easy. You may never learn to love taking tests, but you can control the situation and make sure that you reach your full potential for success.

Above all, relax. It's natural to be nervous, but think positively. Just do your best.

Multiple Choice Questions: Helpful Hints

Multiple choice questions have only one right answer. There is no "creative" response, only a correct one. This book provides extensive practice for the types of multiple choice items that you might find on a standardized reading test. There are four answer choices (A, B, C, D or F, G, H, J) per question. Allot approximately 1 minute to answer a multiple choice question. Answers are worth 1 point each.

- Read the question carefully.
- Try to identify the answer before you examine the choices.
- Eliminate obviously incorrect choices by lightly crossing them out.
- Try to narrow the choices down to two.
- Depending on how a test is to be scored, you may or may not want to guess (for these practice tests, check that you will **not** be penalized for guessing wrong).

Short and Extended Response: Helpful Hints

The dreaded essay question will probably not be as difficult as expected if you follow these strategies:

- Read the question before reading the passage.
- Re-read the question as you prepare to respond: Are you being asked to list, describe, explain, discuss, persuade, or compare and contrast? These are very different things.
- Look back at the passage as often as necessary to answer the question correctly. Underline any key sections that you think might be important to your response.
- Use the margins next to the passage to jot down thoughts and ideas and to prepare a brief outline of what you will include in your answer. Use a clear, direct introduction that answers the specific question being asked. As a start, try turning the question into a statement. Include both general ideas and specific details from the reading in your answer.

- Review your response to make sure you have expressed your thoughts well. Is your introduction clear? Have you stated the general idea(s)? Have you included supporting details?
- If your response is in Spanish, check for grammar errors (subject-verb agreement, adjective agreement, correct verb endings and tenses). In either language, proofread your answer for correct spelling.

How the Test Will Be Scored

It is important to know in advance how responses will be scored. This will lower your anxiety level and help you focus. For the purpose of these practice tests, you can assume the following:

Multiple Choice Questions

Multiple choice answers are either right or wrong. You will receive credit and 1 point if you select the correct answer.

Performance-Based Questions (Short and Extended Response)

Short and Extended Response questions are called "performance tasks." They are often scored with rubrics, which describe a range of performance. You will receive credit for how close your answers come to the desired response. The performance tasks on these practice tests will require thoughtful answers. You must:
- Read the passage
- Think about the question as it relates to the passage, and
- Explain your answer by citing general ideas and specific details from the passage

or:
- Create a written document (a letter, for example) that clearly uses or models information provided in the reading passage

Rubric for Short Response Questions

  2 points The response indicates that the student has a complete understanding of the reading concept embodied in the task. The student has provided a response that is accurate, complete, and fulfills all the requirements of the task. Necessary support and/or examples are included, and the information given is clearly text-based. Any extensions beyond the text are relevant to the task.

1 point The response indicates that the student has a partial understanding of the reading concept embodied in the task. The student has provided a response that may include information that is essentially correct and text-based, but the information is too general or too simplistic. Some of the support and/or examples may be incomplete or omitted.

0 points The response is inaccurate, confused, and/or irrelevant, or the student has failed to respond to the task.

Rubric for Extended Response Questions

4 points The response indicates that the student has a thorough understanding of the reading concept embodied in the task. The student has provided a response that is accurate, complete, and fulfills all the requirements of the task. Necessary support and/or examples are included, and the information given is clearly text-based. Any extensions beyond the text are relevant to the task.

3 points The response indicates that the student has an understanding of the reading concept embodied in the task. The student has provided a response that is accurate and fulfills all the requirements of the task, but the required support and/or details are not complete or clearly text-based.

2 points The response indicates that the student has a partial understanding of the reading concept embodied in the task. The student has provided a response that may include information that is essentially correct and text-based, but the information is too general or too simplistic. Some of the support and/or examples and requirements of the task may be incomplete or omitted.

1 point The response indicates that the student has very limited understanding of the reading concept embodied in the task. The response is incomplete, may exhibit many flaws, and may not address all requirements of the task.

0 points The response is inaccurate, confused, and/or irrelevant, or the student has failed to respond to the task.

Getting Started

So let's get started. If there was anything in this Introduction that you did not understand, ask your teacher about it. Glance once again at the Helpful Hints before taking the first test. In fact, it will be helpful if you review those hints each time you take one of these tests. And remember: The more you practice, the higher your scores will be.

¡Buena suerte!

Friendship Among Latin Americans

1 Adriana and Ricardo are teenagers who immigrated to Florida from the Dominican Republic and Mexico. Adriana comes from Santo Domingo, the capital of the Dominican Republic, and Ricardo from Saltillo, Mexico. They have become friends in part because they share a sense of humor and a great love of soccer, a sport they both played in their home countries.

2 For most young Latin Americans, two very strong influences in their lives are family and a close-knit group of friends. Adriana and Ricardo have friends from a number of Spanish-speaking countries, including Guatemala, Colombia, and El Salvador. In the group are several sets of brothers and sisters, and, as is common in Latin America, they all do things together. For example, Adriana (age 14) and her sister Elena (age 12) are very close and share their social lives as well as their family life.

3 Close friendships are sometimes marked by *apodos,* or nicknames, that imply a special relationship. In Mexico, for example, *primo* and *prima* ("cousin") or *hermano* and *hermana* ("brother," "sister") are commonly used. At school, Ricardo often greets Adriana in the halls with *"¡Oye, prima!"*

4 These friends spend free time at each other's homes and they all know each other's families. Close friends are often included in family events and celebrations. Parties that Adriana, Ricardo, and their friends attend may include several generations, from babies to grandparents.

5 Young people, however, must show respect to adults and are taught to treat their parents' friends courteously. They must address them with *usted*. In certain regions of some countries, such as Mexico, Nicaragua, and Colombia, small children may even address their parents with *usted*. In these cases, a young child is also addressed with *usted* as he or she is learning to speak. The difference between *usted* and *tú* is learned later, as the children interact with playmates.

6 In Latin America, many children attend private schools from kindergarten through high school. Because of this, and because a family most likely will not move but will remain in the same home for many years, children who begin kindergarten together often remain classmates throughout their school years. As a result, lifelong friendships can begin at an early age.

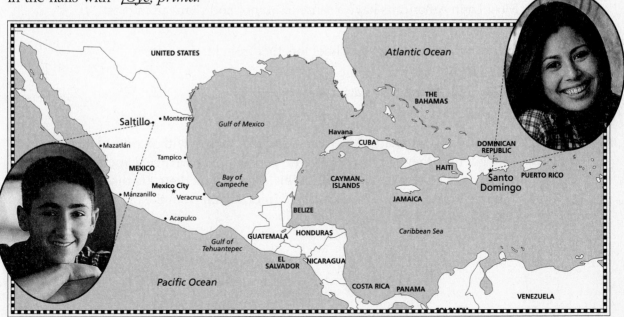

1 Where are Adriana and Ricardo currently living?

    A   the United States

    B   the Dominican Republic

    C   Mexico

    D   Adriana in Santo Domingo and Ricardo in Saltillo

2 In the reading, which of these words is a synonym for *¡Oye!* in paragraph 3?

    F   *Buenos días*

    G   *Buenas noches*

    H   *Hola*

    J   *Mucho gusto*

3 Based on the reading, which one of the following statements is true?

    A   When they come to the United States, Spanish speakers are friendly mostly with people who came from the same country they did.

    B   To a Latin American, a friend is almost like a member of the family.

    C   Latin Americans do not address each other as *tú* until they are adults.

    D   There are no public schools in Latin America.

4 According to the reading, which of the following is a reason why lifelong friendships can be very common in Latin America?

    F   Most of your friends would be family members.

    G   Most Latin Americans have a sense of humor and share an interest in soccer.

    H   You would probably go to school together from kindergarten through high school.

    J   You would always treat each other courteously.

5   From an early age, Latin Americans tend to socialize with people older and younger than they are, as well as with people their own age. Describe what you think might be some advantages of this. If you think there are disadvantages, describe those as well. Use details and information from the reading to support your answer.

Nombre: _____ Fecha: _____

1 Ⓐ Ⓑ Ⓒ Ⓓ **2** Ⓕ Ⓖ Ⓗ Ⓙ **3** Ⓐ Ⓑ Ⓒ Ⓓ

4 Ⓕ Ⓖ Ⓗ Ⓙ

5

READ
THINK
EXPLAIN

_____

_____

_____

_____

_____

_____

_____

_____

_____

_____

STOP

¡Hola! Me llamo Pedro

30 de septiembre

Srta. María Luisa Pardo Barros
Calle San Antonio 16
Valparaíso
Chile

Querida María Luisa:

Me llamo Peter (Pedro en español) y soy de los Estados Unidos.
Soy estudiante en Orlando, en el estado de la Florida. Hay muchas
atracciones en Orlando: Por ejemplo, el famoso parque de
diversiones Disney World —y Sea World también.

Soy muy deportista y me encanta nadar y patinar. Mi mamá dice
que soy desordenado y que no soy nada serio. Pero sí me
gusta ir a la escuela y me gusta mucho leer
buenos libros. ¿Mi actividad
favorita? Estar con mis amigos
o hablar con ellos por teléfono.

¿Cómo eres, María Luisa?

Tu amigo,

Peter (o Pedro, si el nombre español te gusta más)

1 In what city does María Luisa live?

    A   San Antonio

    B   Valparaíso

    C   Orlando

    D   The reading does not say.

2 What is the English equivalent of *Querida?*

    F   Miss

    G   Hello

    H   Dear

    J   It is María Luisa's first name and has no real English equivalent.

3 According to the reading, which one of the following statements might Peter make about himself?

    A   *Me gusta cocinar.*

    B   *Me gusta mucho practicar deportes.*

    C   *No me gusta nada estudiar.*

    D   *No soy ni serio ni trabajador.*

4 According to the reading, which one of the following words would Peter use to describe himself?

    F   *reservado*

    G   *perezoso*

    H   *sociable*

    J   *atrevido*

5 Write a brief letter in Spanish to a pen pal describing yourself and what you like and don't like to do. Use the reading as a model for your letter.

Nombre: _____   Fecha: _____

1 Ⓐ Ⓑ Ⓒ Ⓓ   **2** Ⓕ Ⓖ Ⓗ Ⓙ   **3** Ⓐ Ⓑ Ⓒ Ⓓ

4 Ⓕ Ⓖ Ⓗ Ⓙ

5

| READ |
| THINK |
| CREATE |

_____

_____

_____

_____

_____

_____

_____

_____

_____

STOP

The High-School Experience in Latin America

1 How does the high-school experience in Latin America compare with that in the United States? There are many similarities, but there are also some noticeable differences.

2 A normal course load for a United States high-school student is usually between five and eight subjects a year, but in Latin America students are more likely to take between ten and twelve. These classes do not, however, meet every day. A class might meet only two or three times a week, which is more similar to schedules in U.S. colleges and universities. As a result, there is more variation in students' day-to-day schedules. In addition, although physical education is taught, team sports are not part of the curriculum. On the other hand, English is mandatory in many schools. Foreign language study is much more common in Latin American schools, and many students speak one or two languages besides Spanish by the time they graduate from high school.

3 Classes in Latin American schools are also structured very differently than those in the United States. Lecturing is the preferred format and there tends to be less student participation. Although extracurricular activities are offered, they are far less common than they are in U.S. schools.

4 It is unusual for Latin American schools to have the amenities, such as lockers, that students in the United States take for granted. As a result, students must carry

> **Classes in Latin American schools are also structured very differently than those in the United States. Lecturing is the preferred format and there tends to be less student participation.**

their backpacks and book bags with them throughout the school day. Latin American students also tend to have much more homework than their U.S. counterparts, so they need these accessories in order to take their books home.

5 While letter grades are routinely used in the United States, they are rarely used in Latin America. Although the grading scale varies from country to country, numerical grades, such as 1–10 or 1–20, are the norm.

6 Private schools are common in Latin America and a large number of these are operated by the Roman Catholic Church. Although parochial schools are not usually coeducational, there are many coed private schools that are not affiliated with any church. Because many of these schools are associated with certain ethnic or cultural traditions, students must study the appropriate foreign language, usually American English, German, British English, Italian, or French.

7 One of the most noticeable differences between the U.S. school system and the Latin American one is that students in Latin America are fequently required to wear uniforms. While the uniform is sometimes the same throughout the country, it is more likely identified with a certain school. The girls' uniform is usually a jumper, a blouse, and a tie, or a pleated skirt, a blouse, and a vest or blazer. Boys wear slacks, a shirt and tie, and sometimes a sweater or blazer as well.

1 How does the average number of classes per year compare for U.S. and Latin American students?

    A Latin American students take more classes than U.S. students.

    B Latin American students take fewer classes than U.S. students.

    C Latin American and U.S. students take the same number of classes.

    D Latin American and U.S. students take the same number of classes, but in Latin America classes only meet three days a week.

2 Based on the reading, why are backpacks and book bags so important for Latin American students?

    F They are expensive and would cost a lot to replace.

    G They are a status symbol.

    H Latin American students don't have lockers for their books.

    J Latin American students don't have shelves for their books.

3 How do church-affiliated schools in Latin America differ from private schools?

    A They are usually coeducational.

    B They are not usually coeducational.

    C They require that students study another language.

    D They are not common in Latin America.

4 How does the grading system in Latin America differ from that used in the United States?

    F Numerical grades are rarely used.

    G Numerical grades are regularly used.

    H Letter grades are usually used.

    J Letter grades are never used.

5 READ THINK EXPLAIN Why do you think English is mandatory in Latin American schools? Use details and information from the reading to support your answer.

Nombre: _____   Fecha: _____

1 Ⓐ Ⓑ Ⓒ Ⓓ   **2** Ⓕ Ⓖ Ⓗ Ⓙ   **3** Ⓐ Ⓑ Ⓒ Ⓓ

4 Ⓕ Ⓖ Ⓗ Ⓙ

5

READ
THINK
EXPLAIN

_____

_____

_____

_____

_____

_____

STOP

A popular bilingual teen magazine is including a feature in the next issue on what the school day is like for high-school students throughout the United States. Read what this student has to say about a typical day at her school.

Mi día escolar

1 Me llamo Carmen y soy estudiante de la escuela secundaria El Toro en El Toro, California.

2 A las siete y cincuenta de la mañana tengo mi primera clase: español, mi clase favorita. Me gusta hablar español.

3 En la segunda hora tengo matemáticas. Mi profesora de matemáticas enseña muy bien y me gusta mucho la clase.

4 Mi clase de ciencias es a las nueve y veinte. No tengo mucha tarea en mi clase de ciencias y mi profesor es muy gracioso.

5 En la cuarta hora tengo inglés. Me gusta la clase y mi profesora de inglés es mi profesora favorita.

6 Tengo almuerzo a las diez y cincuenta.

7 En la sexta hora tengo mi clase de literatura. Me gusta mucho leer.

8 Mi clase de educación física es a las doce y veinte. No es mi clase favorita, pero soy deportista y me gusta practicar deportes.

9 En la octava hora tengo historia. A mi profesora de historia le gusta mucho enseñar y es una clase muy interesante.

10 Tengo mi clase de computadoras a la una y cincuenta. No es muy interesante y no me gusta nada.

1 What time does Carmen's first class begin?

    A   7:50 A.M.

    B   9:20 A.M.

    C   10:20 A.M.

    D   2:30 P.M.

2 According to the reading, why does Carmen like her math class so much?

    F   Her teacher doesn't give much homework.

    G   It's right before lunch.

    H   She has a very good teacher.

    J   It isn't difficult for her.

3 Who is Carmen's favorite teacher?

    A   her Spanish teacher

    B   her science teacher

    C   her math teacher

    D   her English teacher

4 Which class is Carmen's least favorite?

    F   her computer class

    G   her science class

    H   her physical education class

    J   her history class

5 Based on what you know about Carmen, what kinds of factors influence whether she likes a class or not?

Nombre: _____ Fecha: _____

1 Ⓐ Ⓑ Ⓒ Ⓓ **2** Ⓕ Ⓖ Ⓗ Ⓙ **3** Ⓐ Ⓑ Ⓒ Ⓓ

4 Ⓕ Ⓖ Ⓗ Ⓙ

5

READ
THINK
EXPLAIN

_____

_____

_____

_____

_____

_____

STOP

The Hidden Corn: A Mayan Legend

1 Long ago, corn was hidden inside a large rock and no one knew that it was there. One day, a group of black ants saw a tiny crack in the rock and crawled inside, where they found the corn and tasted it. It was so good that they carried out some kernels to eat later. However, a few of the kernels were too heavy to carry far, so the ants left them behind.

2 Fox came by and found the kernels. He quickly ate them and exclaimed, "How delicious! Now if I could only find some more!" All day long, Fox stayed near the place where he'd found the kernels, looking for more. Finally, when the sun was almost gone and there was just a thin glow of gold left on the horizon, Fox saw the ants making their way to the rock. They entered the tiny crack and later came out loaded down with kernels of corn. After they had left, Fox pried at the crack, but he couldn't get inside the rock. Again he had to be content with eating the kernels the ants could not carry away.

3 When Fox returned home, all the other animals saw how happy and well fed he was. They asked him why, but Fox would not say. So the animals made a plan to find out. That night, they followed Fox to the rock. They saw him eating the corn and they tried it too. "How delicious!" they exclaimed. When they found out that the black ants were bringing the corn out from the rock, they asked them if they would

bring out more. The ants agreed but found that they could not bring out nearly enough for all the animals.

4 So the animals asked the red ants and the rat to help, but neither could fit through the crack. Finally, they went to Man and said, "If you will help us, we will give you the secret of this delicious food." Man asked the thunder gods for help, and they sent for Yaluk, the most powerful.

5 Yaluk asked the woodpecker to tap on the thinnest part of the rock and then hide his head. In an instant, Yaluk tossed down

a great lightning bolt at the spot where the woodpecker had tapped. The rock burst open, and thousands of golden ears of corn poured out.

6 And so it was that Man and all the animals received the gift of corn. The only unfortunate thing was that when Yaluk threw down his lightning bolt, the woodpecker forgot to hide his head. A piece of rock hit him and his head began to bleed. That is why to this day the woodpecker has a red head.

1 How did Fox first find the corn?

  A He saw the black ants carrying the kernels.

  B He found some kernels lying on the ground.

  C He saw it through a tiny crack in the rock where it was hidden.

  D He stepped on the rock where it was hidden.

2 At the beginning of the story, Fox and the black ants are the only ones enjoying the gift of corn. Who is enjoying it at the end?

  F the red ants and the rat

  G Yaluk and the other thunder gods

  H Man and all the animals

  J the woodpecker

3 A "just so" story is one in which the events of the story explain a fact of nature, as in "How the Leopard Got His Spots." Look at the following lines from this legend and pick the one that sounds like part of a "just so" story.

  A "Fox pried at the crack, but he couldn't get inside the rock."

  B "Man asked the thunder gods for help."

  C "Yaluk tossed down a great lightning bolt."

  D "The woodpecker has a red head."

4 Why does the writer of this legend call corn a "gift"?

  F Corn was a very important food for the Mayas.

  G Corn is the color of gold.

  H Corn is very rare and needs special conditions to grow.

  J Gift-giving is very important in the Mayan culture.

5 Choose a passage in this story in which the visual imagery is especially vivid. Explain how the words used in this passage helped to create a clear picture in your mind.

Nombre: _____ Fecha: _____

1 Ⓐ Ⓑ Ⓒ Ⓓ   **2** Ⓕ Ⓖ Ⓗ Ⓙ   **3** Ⓐ Ⓑ Ⓒ Ⓓ

4 Ⓕ Ⓖ Ⓗ Ⓙ

5

READ
THINK
EXPLAIN

_____

_____

_____

_____

_____

_____

_____

_____

_____

STOP

Pizza, ensaladas y ... helado de fresas

1 Juanito es un chico muy gracioso, inteligente y simpático. Le gusta practicar deportes, jugar videojuegos y montar en bicicleta, pero no le gusta mucho ni ir a la escuela ni estudiar. Y tampoco le gusta comer muchas cosas. Sus comidas favoritas son la pizza, las ensaladas y ... el helado de fresas. Nunca come otras cosas; siempre come pizza, ensaladas y ... helado de fresas. No necesita otras comidas.

2 En el desayuno generalmente come una ensalada de frutas, pero unos días toma una ensalada de papas. En el almuerzo de la escuela come pizza con queso y jamón. Si tiene mucha hambre también toma una ensalada de lechuga y tomates o una ensalada de verduras. Sus amigos quieren compartir sus comidas con él, pero Juanito nunca <u>prueba</u> nuevas comidas. Le encantan las de siempre: la pizza, las ensaladas y ... el helado de fresas.

3 En casa por la noche siempre come lo mismo: pizza (los sábados la come con queso, jamón, judías verdes y cebolla), una ensalada de verduras o frutas y ... un helado de fresas.

4 Todos los días, sin variar: pizza, ensalada y ... helado de fresas. Pero un día ¡no hay ni pizza, ni ensalada ni helado en casa! La mamá de Juanito prepara algo diferente: un sándwich de jamón y queso. Como Juanito tiene MUCHA hambre, prueba un poquito ... ¿Crees que le gusta?

5 Como le gustan las pizzas con jamón y queso ... ¡Le encanta el sándwich de jamón y queso! Ahora Juanito come pizza, ensaladas, helado de fresas y ... sándwiches de jamón y queso.

1 How would you describe Juanito?

   A   He likes to play videogames and study.

   B   He's a nice kid who likes to read about different foods.

   C   He's fun to be with, but he spends too much time making pizzas.

   D   He's a nice kid who doesn't have much variety in his diet.

2 Based on the context, what do you think the word _prueba_ means in paragraph 2?

   F   shares

   G   proves

   H   tries

   J   prepares

3 Which statement is <u>not</u> true?

   A   Juanito's friends never want to share their food with him.

   B   Juanito eats pizza everyday.

   C   Juanito's diet doesn't have much variety.

   D   Sometimes Juanito has potato salad for breakfast.

4 Juanito never varies the way he has his

   F   breakfast.

   G   ice cream.

   H   pizza.

   J   salads.

5 Escribe una lista de otros ingredientes para las pizzas de Juanito.

6 READ THINK CREATE Plan a weekly menu for Juanito—in Spanish—with the foods you think he should be eating. Remember to label the days of the week, the meals of the day, and any snack (_la merienda_) you think Juanito should have.

Test 6

Nombre: _____   Fecha: _____

1 Ⓐ Ⓑ Ⓒ Ⓓ **2** Ⓕ Ⓖ Ⓗ Ⓙ **3** Ⓐ Ⓑ Ⓒ Ⓓ

4 Ⓕ Ⓖ Ⓗ Ⓙ

5

READ
THINK
EXPLAIN

6

READ
THINK
EXPLAIN

STOP

Aztec Games and Rituals

1 A god of games?! The ancient Aztecs of Mexico had just such a god: Macuilxóchitl (ma-quill-SO-chi-tul), which tells us something about the importance of games in the Aztec culture. And their games were not simply pastimes; they had religious significance as well.

2 *Pelota* was the forerunner of all present-day games that are played with a rubber ball. It was played on a large, H-shaped court. The ball was extremely hard, so hard that the players had to wear padded clothing for protection. They were allowed to hit the ball only with their elbows, hips, and knees. The object of the game was to knock the ball through a stone ring at either end of the court. The team of the first person to succeed in doing this won the game. And it was very important to win, for the team that lost was sacrificed!

3 *Patolli* was a very different type of game, much more enjoyable for all concerned and very popular. It was a board game similar to parcheesi played on a cross-shaped board. Specially marked beans were used as dice. Twelve differently colored counters were divided among the players, who moved them around the board depending upon the throw of the dice.

4 One of the most dramatic of the Aztec rituals was also a ritual for many other indigenous groups. It is still performed by the Totonac of Papantla, a village near Veracruz, Mexico. It is the ancient ritual of the *voladores,* or fliers. It survives to this day because the Spanish missionaries did not forbid it. They did not realize that it was a religious ritual and not just a dangerous sport.

5 Picture a pole a hundred feet high. At its top is a platform on which five men stand in costumes decorated with brightly colored feathers. One man is playing a flute. The other four suddenly leap into the air. You gasp, then realize that each of them is attached to the top of the pole by a rope tied around the ankles. As they fall, the ropes unravel, causing them

to circle the pole. The length of the ropes is such that each *volador* flies around the pole thirteen times before landing on the ground.

6 The calendar was at the center of Aztec life. Perhaps the four *voladores* originally represented the four seasons, each with thirteen weeks (the thirteen circuits of the pole). Or the total number of circuits (13) that the *voladores* (4) make may have represented the 52 years that made up a cycle in the ancient sacred calendar. Today, however, it is not the religious aspect of the event, but its spectacular grace and daring that attract spectators.

1 The Aztec game of *pelota* has elements of two modern games in it. Which ones?

    A   soccer and baseball

    B   basketball and baseball

    C   volleyball and soccer

    D   soccer and basketball

2 The Aztec game of *pelota* could still be played today exactly as it was originally, but one element of the game would have to be changed. What is that element?

    F   The players would have to wear unpadded clothing.

    G   Both men and women would have to be allowed to play.

    H   The losing team would have to be allowed to go home after the game.

    J   The court would have to be shaped like the letter E.

3 What present-day sport is most comparable to the ritual of the *voladores?*

    A   high diving

    B   bungee jumping

    C   skateboarding

    D   rappeling

4 Why can people still see the *voladores* perform today?

    F   It was not just an Aztec ritual.

    G   The Spanish missionaries enjoyed the grace and daring of the dangerous sport.

    H   The missionaries didn't understand what was happening.

    J   The missionaries encouraged religious rituals.

5 Imagine that you were alive during the Aztec empire and you observed one of the games or rituals described in this text. Write about your experience attending the event. Include details about the setting, other people who were there, the event itself, and its outcome.

Nombre: _____   Fecha: _____

1 Ⓐ Ⓑ Ⓒ Ⓓ   **2** Ⓕ Ⓖ Ⓗ Ⓙ   **3** Ⓐ Ⓑ Ⓒ Ⓓ

4 Ⓕ Ⓖ Ⓗ Ⓙ

5

READ
THINK
EXPLAIN

_____

_____

_____

_____

_____

_____

_____

_____

_____

STOP

Una conversación difícil

1 Es viernes y son las siete de la noche. Generalmente me gusta estar con mis amigos los fines de semana. ¿Adónde vamos mis amigos y yo? Al centro comercial. Al cine. Al parque, donde jugamos al fútbol americano o, en el invierno, al gimnasio, donde jugamos al básquetbol o al vóleibol.

2 Pero mañana, no. Mañana me gustaría ir de pesca con papá. Es un día muy especial: es su <u>cumpleaños</u>.

—¿Papá?

—¿Sí, Roberto?

—Papá, me gustaría . . .

—Sí, Roberto. Te gustaría ir al parque. Lo siento, pero estoy cansado.

—No, papá. Quiero ir al campo con . . .

—A ver . . . Quieres ir al campo con Ramón y su familia mañana. Estoy ocupado, Roberto. Puedes hablar con tu mamá . . .

—¡No, no, papá! Quiero ir de pesca . . .

—¿De pesca? ¿Cómo vas a ir de pesca? No puedes ir solo. ¿Con quién vas a ir de pesca?

—Contigo, papá. Quiero pasar el día de tu cumpleaños contigo.

—¿Conmigo? ¿Mi cumpleaños? ¡No me digas!

—¿No vas a estar ni cansado ni ocupado, papá?

—No, no, Roberto. ¿Quién puede estar cansado en su cumpleaños? Pero sí voy a estar ocupado. Voy a ir de pesca contigo.

1 What does *cumpleaños* mean in paragraph 2?

    A   vacation
    B   birthday
    C   free time
    D   a kind of park

2 What is different about this weekend?

    F   Roberto is going to the mall with his friends.
    G   Roberto is going either to the park or to the gym with his friends.
    H   It is Roberto's birthday.
    J   It is Roberto's father's birthday.

3 Why doesn't Roberto's father want to go to the park?

    A   He's tired.
    B   He's sick.
    C   He's busy.
    D   It's Friday evening.

4 Why does Roberto want to go to the country?

    F   He wants to be with Ramón and his family.
    G   He wants to go fishing with his father.
    H   He can talk to his mother there.
    J   It's his birthday.

5 Which of the following is the best reason why Roberto's father is so happy at the end of the story?

    A   He loves to go fishing.
    B   He isn't tired or busy anymore.
    C   Roberto wants to spend the day with him.
    D   Tomorrow is his birthday.

6 This year Roberto may not have bought his father a birthday present. As far as his father is concerned, however, Roberto is giving him the best gift possible. There is a common English expression that says, "It's the thought that counts." Briefly explain this expression in relation to the story and give an example from your own experience.

Test 8

1 Ⓐ Ⓑ Ⓒ Ⓓ   **2** Ⓕ Ⓖ Ⓗ Ⓙ   **3** Ⓐ Ⓑ Ⓒ Ⓓ

4 Ⓕ Ⓖ Ⓗ Ⓙ   **5** Ⓐ Ⓑ Ⓒ Ⓓ

6

READ
THINK
EXPLAIN

_____

_____

_____

_____

_____

_____

STOP

Holidays IN THE Hispanic World

1 Some holidays are celebrated differently in Latin America and Spain than in the United States. *La Nochebuena,* or Christmas Eve, for example, is when most of the Spanish-speaking world celebrates Christmas. A nativity scene *(un nacimiento* or *un pesebre)* is a common decoration in homes. It may be small—the Dominican Republic is famous for its truly miniature figures—or large enough to fill an entire room or patio. But large or small, it is often very elaborate, with hills, trees, roads, little houses, and small mirrors to represent ponds. *El nacimiento* is usually the focal point of the festivities, with family gathered around to sing carols to the accompaniment of a guitar or a bamboo pipe or maracas. Colored paper lanterns, balloons, piñatas, and dancing are often part of the evening celebration.

2 Epiphany *(el Día de los Reyes),* on January 6, marks the formal end of the Christmas holidays. Traditionally, it was the day on which children in Spanish-speaking countries received their gifts, because it commemorates the arrival of the Three Kings into Bethlehem with their gifts of frankincense, gold, and myrrh. Today, however, in more and more homes, gifts are opened on Christmas Day or on Christmas Eve.

3 In much of Latin America, the weather is warm during the end-of-year holidays (below the equator it is the beginning of summer) and *el Año Nuevo* may be celebrated with fireworks and even barbecues. In Spain, it is the custom to eat twelve grapes at the stroke of midnight, one grape each time the clock chimes.

4 *El Día de la Raza,* October 12, celebrates the blending of the Spanish and indigenous cultures that resulted from Columbus's landing in the Americas. It is sometimes called *el Día de la Hispanidad.* In recent years, however, it has become of less importance than specific national holidays. *El Día de la Independencia* is, of course, celebrated on different days in different countries. For example, September 15 is the national holiday of four Central American nations: Guatemala, Honduras, El Salvador, and Nicaragua. Paraguay celebrates its independence from Spain on May 14; Argentina, May 25; Venezuela, July 5; Colombia, July 20; Peru, July 28; Bolivia, August 6; Ecuador, August 10; Mexico, September 16; and Chile and Costa Rica, September 18. The Dominican Republic celebrates its independence from Haiti on February 27; Uruguay, its independence from Brazil on August 25; Panama, its independence from Colombia on November 3. And Spain's national holiday? *El Día de la Hispanidad*—October 12.

5   Another major fall holiday is *el Día de los Muertos* on November 2. This holiday—known as All Souls' Day in English—is a day of remembrance for all those who have died. It is a very special celebration in Mexico. There are, of course, prayers, religious services, and visits to the cemetery, and families build special altars, called *ofrendas,* in their homes. These *ofrendas* are decorated with flowers and candles, but they are not at all solemn. Photographs of loved ones who have died are displayed among objects that they cherished or used most—a rocking chair, for example, or reading glasses, gardening tools, or cooking utensils. *El Día de los Muertos* is also celebrated by eating a sweetened

bread—*el pan de muerto*—which is either shaped like skulls and crosses or decorated with them, and white sugar candies in the shape of skulls, crosses, coffins, and tombs. For children, there are white masks, tin or wire skeletons attached to strings, and even toy coffins that contain a skeleton that jumps out when a string is pulled.

6   In the calendar of the Catholic Church, almost every day is dedicated to one or more saints. A person's "saint's day," or *santo,* is the day dedicated to the saint who has that person's name (or one derived from it). For example, *el santo* for every José, Josefina, or Josefa is St. Joseph's Day (March 19), and *el santo* for every Pablo, Paulo, Paulina, and Paula is St. Paul's Day (June 29). Traditionally, part of a person's name was determined by the saint's day on which he or she was born. For example, if a girl whose family planned to name her María Luisa happened to be born on May 30—St. Ferdinand's Day—she would likely be named María Luisa Fernanda to honor that saint. In fact, the traditional Mexican "Happy Birthday" song, *Las mañanitas,* is actually a song for a saint's day.

7   This custom is disappearing, however, and a person's birthday and saint's day are often not the same. In many countries, a person's saint's day is considered more important than a birthday. Even non-Catholics may celebrate their *santo,* for no one wants to miss out on his or her special day for a party and a few gifts. So truly every day is *un día de fiesta en el mundo hispano.*

1 In a traditional Latin American home, which of the following most closely compares with the Christmas tree in a traditional U.S. home?

    A *la Nochebuena*

    B *el nacimiento*

    C *la piñata*

    D *el Día de los Reyes*

2 Which one of the following statements is true?

    F All of the nations of Central America have the same Independence Day.

    G In the United States, the best-known national holiday among the Latin American nations is *el Día de los Reyes*.

    H Of the nations of Latin America, all but two celebrate their national holiday within the five-month period from May to September.

    J All of the Spanish-speaking countries of Latin America got their independence from Spain.

3 What holiday in the United States has the same underlying purpose as *el Día de los Muertos?*

    A the Fourth of July

    B Memorial Day

    C Labor Day

    D Veterans' Day

4 Complete this statement: Today a person's *santo* is most often

    F a saint's birthday.

    G his or her own birthday.

    H the day dedicated to the saint who has the same or a similar name.

    J either March 19, May 30, or June 29.

5 October 12 was once a fairly major holiday throughout the Americas. Why do you suppose that in most countries the national holiday has become of greater importance than Columbus Day? Do you think this is a good thing or a bad thing? Why?

6 If you live far to the north or to the south of the equator, there are considerable differences in the way in which you might celebrate the end-of-year holidays. Explain why and describe at least three of those differences.

Test 9

Nombre: _____ Fecha: _____

1 Ⓐ Ⓑ Ⓒ Ⓓ   **2** Ⓕ Ⓖ Ⓗ Ⓙ   **3** Ⓐ Ⓑ Ⓒ Ⓓ

4 Ⓕ Ⓖ Ⓗ Ⓙ

5

READ
THINK
EXPLAIN

_____
_____
_____
_____
_____
_____
_____
_____

6

READ
THINK
EXPLAIN

_____
_____
_____
_____
_____
_____
_____
_____
_____

STOP

EL SOL, viernes 18 de julio

NOTICIAS DE CELEBRACIONES

Esta semana en San Antonio muchas familias celebran ocasiones muy especiales.

Quinceañera

Mirella Lugo Armas, hija de Humberto Lugo Díaz y Carmen Armas Garza de Lugo, celebra sus quince años el domingo 20 de julio a las 6:00 P.M. en el restaurante Casa Estrella. Hay una gran fiesta con una banda de música tejana después de la cena.

Boda

Dolores Lara Villarreal y Roberto Pastor Peña celebran su boda en la iglesia de San Antonio, el sábado 19 de julio a las 8:00 P.M. Después de la ceremonia hay una fiesta con música y una cena en casa de la familia Lara.

Día del santo

Santiago Paredes Sánchez celebra el día de su santo el viernes 25 de julio. Hay una comida en su honor en casa de sus abuelos a las 2:00 P.M.

Graduación

Ana Luisa Martínez Puente celebra su graduación de la Memorial High School el día 22 de julio. Después de la graduación hay una barbacoa para la familia y los amigos en el parque Fiesta Texas a las 4:00 P.M.

Cincuenta años

Roberto González Juárez y María Luisa Gallardo Correa de González celebran su aniversario de bodas el 25 de julio en el salón de fiestas La Suerte. Van a celebrar la ocasión con una comida deliciosa para la familia y los amigos.

1 Which of the celebrations has a party outside?

    A   *cincuenta años*

    B   *graduación*

    C   *día del santo*

    D   *quinceañera*

2 What do all of the notices of celebrations have in common?

    F   They all mention a meal.

    G   They all mention music.

    H   They all take place in the evening.

    J   They all mention a ceremony.

3 Which of these occasions is celebrated only in the Hispanic culture?

    A   *boda*

    B   *cincuenta años*

    C   *quinceañera*

    D   *graduación*

4 Which of the celebrations mentions the names of the parents of the honored person or people?

    F   *graduación*

    G   *quinceañera*

    H   *día del santo*

    J   *boda*

5 READ THINK EXPLAIN   Which of these celebrations do you think might have more guests that are family members than friends? Why do you think these celebrations might be more for family members?

6 READ THINK EXPLAIN   Clasifica las fiestas de 5 a 1. El 5 es para la fiesta más formal, y el 1 es para la fiesta menos formal. Explica tus clasificaciones "5" y "1."

Nombre: _____   Fecha: _____

1 Ⓐ Ⓑ Ⓒ Ⓓ   **2** Ⓕ Ⓖ Ⓗ Ⓙ   **3** Ⓐ Ⓑ Ⓒ Ⓓ

4 Ⓕ Ⓖ Ⓗ Ⓙ

5

READ
THINK
EXPLAIN

_____
_____
_____
_____
_____
_____

6

READ
THINK
EXPLAIN

_____
_____
_____
_____
_____
_____
_____
_____

STOP

How "Spanish" Is *Spanish* Architecture?

1 If you were to travel from the southwestern United States to the southern tip of South America, many buildings would look fairly familiar almost every place you visited. Although regional differences would be obvious, you would still be aware of a certain look shared by many communities in the southwestern United States and Latin America. In large part, that look can be traced to the architecture of Moorish Spain.

2 The Moors were North African Arabs who ruled most of the Iberian Peninsula (Spain and Portugal) for nearly 800 years—from the early eighth century until the late fifteenth century. Many elements of Latin American architecture were first introduced to Spain by the Moors during that period.

3 Patios, for example, became common in cities such as Córdoba and Sevilla beginning in the early eleventh century. Because of widespread political and social unrest during that time, houses were built with heavy doors and thick, fortress-like walls. These walls also helped shield the rooms inside from the sun's heat. The patios, placed in the center of the house and accessible from all first-floor rooms, often had tiled floors. In the center, surrounded by lemon trees and flowers, there was often a pool or a large clay pot filled with cool water. Patios were thus probably the first naturally "air-conditioned" rooms. Throughout Latin America today, as well as in Spain, central patios are still a popular feature of many commercial buildings as well as homes.

4 Another common element of Latin American architecture is the *balcón,* or *mirador*. In Moorish Spain, homes typically had balconies off the second-floor sleeping areas. These balconies, which often included intricately designed wrought iron railings and grates, overlooked the patio. During the period when Latin America was being colonized by Spain, balconies became common in Latin America as well. There was, however, a major difference: Most Latin American balconies do not overlook the patio. Instead, they face outward so that people can view the street life of the town.

5 Buildings in Moorish Spain usually differed from those in northern Europe in another way as well. Although wood was used as a building material, it was not nearly as common as stone, brick, and adobe (heavy clay bricks made of sun-dried earth and straw). Today, builders in Latin America and the southwestern United States continue to use many of these same materials and techniques first introduced by the Moors.

1 When did the Moors conquer Spain?

    A   in the early 500s

    B   in the early 700s

    C   in the early 800s

    D   in the early 1200s

2 According to the article, what was the main reason why the doors and walls of Spanish homes were so thick during the time of Moorish rule?

    F   They kept the house warm.

    G   They were used for defense and protection.

    H   They enclosed the patio.

    J   The Moors were used to living in homes with thick walls.

3 Which of the following is the best English equivalent of _mirador_ in paragraph 4?

    A   a door with a mirror in it

    B   a heavy mirror

    C   a door onto a patio

    D   an overlook

4 Why do architectural features that date to the period of Moorish influence in Spain exist in the southwestern United States and Latin America today?

    F   It gets very hot in those regions.

    G   Those regions were conquered by the Moors.

    H   Those regions were colonized by the Spanish.

    J   There is much political and social unrest in those regions.

5 Based on what you have read, compare and contrast typical modern homes in Spain and in the United States. What cultural influences might be responsible for these similarities and differences?

Nombre: _____ Fecha: _____

1 Ⓐ Ⓑ Ⓒ Ⓓ   **2** Ⓕ Ⓖ Ⓗ Ⓙ   **3** Ⓐ Ⓑ Ⓒ Ⓓ

4 Ⓕ Ⓖ Ⓗ Ⓙ

5

READ
THINK
EXPLAIN

_____

_____

_____

_____

_____

_____

_____

_____

_____

_____

STOP

Mi segunda casa es . . . ¡una cueva!

1 ¡Hola! Me llamo Macarena y soy española. Vivo con mis padres y tres hermanos en un apartamento grande y bonito en Granada, que está en el sur de España. Pero tenemos otra casa y es . . . ¡una cueva! Nuestra casa-cueva está cerca de Guadix, un pueblo pintoresco de unos 20.000 habitantes. Guadix está a 60 kilómetros de Granada, y es famoso por sus casas-cueva.

2 Más de un cuarto de la población del pueblo vive en estas casas subterráneas. Tradicionalmente sólo para los pobres y artesanos, hoy día las casas-cueva son la segunda residencia de muchas familias de la clase media. ¡Me encanta pasar tiempo con mi familia en nuestra casa-cueva!

3 ¿Qué tienen de atractivo las casas-cueva?
- La temperatura se mantiene constante (20 grados centígrados) durante todo el año.
- Si la familia necesita más espacio, sólo hay que excavar otro cuarto.
- Tienen todas las comodidades de una casa moderna: dormitorios, cocina, cuarto de baño, sala, comedor, chimenea, electricidad y conexiones para Internet y fax.
- De la puerta hay una magnífica vista. (¡Pocas cuevas tienen ventanas!)

4 Si quieres vivir en un <u>ambiente</u> original, íntimo y rústico, o si simplemente prefieres vivir en otra casa durante el fin de semana o durante las vacaciones de verano, las casas-cueva son perfectas para ti.

Una casa en el Barrio de las cuevas

1 According to the reading, which of the following statements is false?

    A   Cave houses have all the conveniences of a modern home.

    B   Cave houses are not only for artisans and the poor.

    C   Macarena's family has two homes.

    D   Cave houses offer wonderful views from the windows.

2 From Macarena's description of her family's second home, the reader can conclude that

    F   it gets too hot in Granada during the summer.

    G   her parents are artisans.

    H   she enjoys spending time in the cave.

    J   she doesn't like living in an apartment.

3 In paragraph 4, what does the word _ambiente_ mean?

    A   countryside

    B   cave

    C   atmosphere

    D   city

4 Which of the following is <u>not</u> mentioned as an advantage of living in a cave house?

    F   There's a great view from the door.

    G   It's easy to make more furniture from the rocks.

    H   The houses maintain an even temperature all year.

    J   It's easy to add more space to the home.

5 **READ THINK EXPLAIN** Make a list of buildings, vehicles, or places that could be used as homes. Describe the advantages or disadvantages of each one.

6 **READ THINK EXPLAIN** ¿Te gustaría vivir en una casa-cueva? Explica por qué.

Nombre: _____ Fecha: _____

1 Ⓐ Ⓑ Ⓒ Ⓓ   **2** Ⓕ Ⓖ Ⓗ Ⓙ   **3** Ⓐ Ⓑ Ⓒ Ⓓ

4 Ⓕ Ⓖ Ⓗ Ⓙ

5

READ
THINK
EXPLAIN

_____

_____

_____

_____

_____

_____

6

READ
THINK
EXPLAIN

_____

_____

_____

_____

_____

_____

_____

_____

STOP

A CULTURE as Seen Through Its Textiles

1 On July 26, 1925, archaeologists made a dramatic discovery in the desert of the Paracas peninsula, approximately 150 miles south of the Peruvian capital of Lima. In the desert off the Pacific coast they found an underground network of tombs from the Paracas and Nazca cultures that dated back to the fourth century B.C. Such a group of elaborately interconnected tombs is sometimes called a necropolis, a Greek word meaning "city of the dead." The Paracas necropolis contained beautiful, richly decorated gold objects, along with hundreds of perfectly preserved human bodies carefully wrapped in intricately woven, embroidered cloth that was as well preserved as the bodies it contained.

2 Woven cloth, or textiles, has of course played both a practical and a ceremonial role in world cultures for thousands of years. The textiles found at Paracas were probably specially made for use in burials and almost surely revealed the social status of the people buried there.

3 Images woven into garments or added to them were a form of communication in ancient cultures. Whether painted, embroidered, or decorated with metal or brightly colored feathers, many textiles contained important symbolic information. The most common images found on the Paracas textiles were those of birds, cats, snakes, rodents, llamas, and fish. By showing the animals that were native to the region, these pictures represented in one way or another the three basic realms of nature that daily affected the people who made the pictures: the sky, the earth, and the sea. Human forms were also shown. These pictures no doubt reflected concepts important to the culture, such as nature gods, the individual's ancestors, or the individual's social status.

4 Today, people in Peru and neighboring Bolivia continue to weave ponchos, tunics, and hats that use some of the same designs found in their people's textiles over 2,000 years ago.

1 What is Paracas?

> **A**   another name for Peru
>
> **B**   a Peruvian peninsula and the name of a people who once lived there
>
> **C**   the capital of Peru
>
> **D**   a type of Peruvian textile

2 What is a necropolis?

> **F**   a desert in Peru
>
> **G**   a place for storing ancient gold objects
>
> **H**   a vast underground burial site
>
> **J**   a type of Greek city

3 Which one of the following statements is <u>not</u> true?

> **A**   The modern textiles of Peru are totally different from those found in ancient tombs.
>
> **B**   The people of Peru still use many of the same design elements that their ancestors did.
>
> **C**   Weaving is a practice that dates back to ancient times.
>
> **D**   The tombs in Paracas were discovered in the twentieth century.

4 Why were images included in the textiles of ancient peoples?

> **F**   for purely religious reasons
>
> **G**   to communicate information of some sort
>
> **H**   to preserve the body of the person around whom it was wrapped
>
> **J**   to impress visitors to the tombs

5 **READ THINK EXPLAIN** "Woven cloth, or textiles, has . . . played both a practical and a ceremonial role in world cultures for thousands of years." Make a list of three "Practical" and three "Ceremonial" uses of textiles today.

6 **READ THINK EXPLAIN** Choose any well-known person and describe the textile that you would design for his or her burial cloth. Describe the symbols (colors, objects, figures) that you would use and explain why you chose them.

Test 13

Nombre: _____ Fecha: _____

1 Ⓐ Ⓑ Ⓒ Ⓓ   **2** Ⓕ Ⓖ Ⓗ Ⓙ   **3** Ⓐ Ⓑ Ⓒ Ⓓ

4 Ⓕ Ⓖ Ⓗ Ⓙ

5

READ
THINK
EXPLAIN

_____
_____
_____
_____
_____
_____

6

READ
THINK
EXPLAIN

_____
_____
_____
_____
_____
_____
_____
_____

STOP

Necesito comprar ropa

¿Te gusta ir de compras, pero no te gusta estar con muchas personas? Lee este artículo de la solución de Margarita para este problema.

1 Margarita, una joven argentina de dieciséis años, tiene un problema. Necesita comprar ropa para sus vacaciones en Chile, pero está muy ocupada. No le gusta ir al centro comercial porque siempre hay muchas personas por allí. Decide visitar uno de los sitios en el Internet para buscar la ropa que necesita.

2 Primero, Margarita busca un sitio donde se especializan en ropa para jóvenes. El sitio que más le gusta tiene un catálogo con mucha variedad de ropa moderna. En la página principal, hay información sobre cómo seleccionar el departamento donde quiere comprar unos artículos. Esa página indica cómo pagar por lo que compra y cómo comunicarse con la compañía. También incluye información sobre garantías, descuentos y qué opciones tiene si no le gusta lo que compra.

3 Margarita selecciona dos jeans, tres camisetas de diferentes colores, dos pantalones cortos, un suéter negro, una sudadera morada, una chaqueta y unos zapatos. También compra el especial de la semana, una minifalda azul que cuesta sólo veinte pesos. ¡Perfecto!

4 Luego, Margarita tiene una pregunta: "¿Cómo puedo determinar si esta ropa y estos zapatos me van a quedar bien?" Decide consultar la página donde hay información para ayudar a los clientes a determinar esto.

5 Después, Margarita decide pagar por toda la ropa con su tarjeta de crédito, pero tiene otra pregunta: "¿Garantiza este sitio la protección de mi información personal?" Consulta otra página donde informan a los clientes que sí hay protección.

6 Cuando la ropa llega a su casa, Margarita está muy contenta. Toda la ropa que compró le queda bien y los colores son brillantes.

1 What is Margarita's problem?

    A   She needs clothes for her vacation but doesn't have enough money to buy them.

    B   She needs clothes for her vacation but doesn't like to shop in crowded malls.

    C   She needs to replace the clothes that she lost during her vacation.

    D   She needs to buy vacation clothes before the stores close.

2 What type of information is <u>not</u> mentioned on the main page of the Web site that Margarita consults?

    F   how to pay for your purchases

    G   how to choose the department you're interested in

    H   which items are discounted

    J   which items are no longer available

3 According to the article, why is Margarita concerned about ordering from an online catalog?

    A   She's worried that she won't receive the items on time.

    B   She's worried that her personal information might not be protected.

    C   She's worried that she can't return the items if she's unhappy with them.

    D   She's worried that the items might look different from the way they look in the catalog.

4 How does Margarita feel after the package arrives?

    F   unhappy because it didn't arrive on time

    G   unhappy because the clothes did not fit well

    H   happy because the clothes fit well and the colors were bright

    J   happy because the company included a special gift in the package

5 READ THINK EXPLAIN   ¿Prefieres ir de compras en un centro comercial o en el Internet? ¿Por qué?

6 READ THINK CREATE   Imagina que vas a crear un sitio en el Internet para ropa deportiva para jóvenes. Inventa un nombre para el sitio, decide qué tipo de información vas a incluir en la página principal, qué tipos de fotos o dibujos vas a incluir y cuánto cuesta cada artículo de ropa. En tu hoja de papel, dibuja la página principal de tu sitio. Debes dibujar una página atractiva que a los estudiantes de tu escuela les gustaría visitar.

Nombre: _____   Fecha: _____

1 Ⓐ Ⓑ Ⓒ Ⓓ   **2** Ⓕ Ⓖ Ⓗ Ⓙ   **3** Ⓐ Ⓑ Ⓒ Ⓓ

4 Ⓕ Ⓖ Ⓗ Ⓙ

5

READ
THINK
EXPLAIN

_____

_____

_____

_____

_____

_____

6

READ
THINK
CREATE

STOP

Spanish Missions in Texas

1 Since the earliest days of Spanish exploration in the Americas, a highly successful mission system was put in place. In the southeastern United States it extended from Florida up to North Carolina, and in the southwest from Texas to California. Through this system, Catholic priests received financial and military support from the Spanish Crown to build missions where the priests could convert the indigenous people not only to the Catholic faith, but also to the Spanish way of life. The priests were protected by Spanish soldiers as new lands were claimed, although very often these two groups disagreed about the best way to treat the new converts. The priests were the protectors of the indigenous, and taught them religion as well as valuable vocational skills.

San José Mission

2 In 1690, the first Spanish mission in Texas was founded: San Francisco de los Tejas. Several other missions were established shortly thereafter and in close proximity to each other. All were in East Texas, an area that was plagued by disease, drought, constant attacks from indigenous inhabitants who rejected the Spaniards' presence, and threats from the French who fought for power in the same region. For these reasons, the missions were closed and four were relocated along the San Antonio River in what is now the city of San Antonio. By 1731, there were five missions established around this area: San Antonio de Valero (1718), San José (1720), San Juan Capistrano (1731), Concepción (1731), and San Francisco de Espada (1731). The dirt road that linked all the missions was known as *El Camino Real,* a route that began in Mexico City and continued up through the northernmost territories of Nueva España, as Mexico was then called. Today these territories are the west and southwest regions of the United States.

3 The oldest and best known of these missions is San Antonio de Valero, named for the Spanish viceroy of Mexico, el marqués de Valero. It is also known as the Alamo, one of the most famous landmarks in Texas history. The original building was made of sticks and straw, but these flimsy building materials made it an easy victim of attacks. Subsequent construction of this and other missions was made with sturdier materials, such as sandstone, which could be cut into slabs for floors and walls, or certain clay soils, which were made into tiles and bricks. Although some of the missions were more elaborate than others, their overall architectural style was simple and practical.

4   The mission of San José was the best fortified and most successful, and soon became an important social and cultural center. It was also considered the most beautiful. San José was founded by Fray Antonio Margil de Jesús, a Franciscan priest who was born in 1657 in Valencia, Spain. While still in his early teens, Margil expressed interest in becoming a Franciscan and at the age of twenty-five he was ordained. Soon thereafter, he was on his way to the New World as a missionary. After serving in Costa Rica, Guatemala, and Mexico, he went on to help establish missions in East Texas. These missions are considered the <u>cornerstone</u> from which other missions in Texas grew.

5   As protectors of the indigenous, the Franciscans opened workshops in the missions in order to teach them trades. Under the priests' guidance, the indigenous learned such skills as carpentry and masonry in order to enhance the construction of the missions, as well as blacksmithing, which was needed to repair farm tools. The mission of San Juan Capistrano became a major supplier of agricultural products in the region, along with wood, iron, cloth, and leather goods that the indigenous produced in the mission's workshops.

6   The mission of Concepción (full name: Misión Nuestra Señora de la Purísima Concepción de Acuna) is the best preserved of the San Antonio missions, with 45-inch thick walls. It has what many consider to be the oldest fully preserved church building in the United States. Concepción was well-known for its religious celebrations.

7   The mission of Espada is unique because of its irrigation system, the oldest still in use in the United States. Missions depended on a steady harvesting of crops for the survival of its residents. Because rainfall was irregular in this part of Texas, an irrigation system was a top priority. Irrigation was so important that settlers measured the farmland in <u>*suertes*</u>, which is the amount of land that they could water in a day.

8   Today, the Alamo is a visitor's center and museum. The other four missions—San José, San Juan, Concepción, and Espada—are functioning Catholic parishes and are open to the public. All are popular tourist destinations.

San Francisco de Espada Mission

Test 15

1 Which of the following trades was <u>not</u> taught to the indigenous in the missions?

    A   masonry

    B   blacksmithing

    C   printing

    D   carpentry

2 In the early 1700s, what was the name of the land that today is Mexico?

    F   San Antonio

    G   El Camino Real

    H   Nueva España

    J   San Francisco de los Tejas

3 In paragraph 4, what does the word <u>cornerstone</u> mean?

    A   end

    B   foundation

    C   adobe

    D   building material

4 In paragraph 7, what are _suertes_?

    F   a kind of farming system

    G   luck

    H   a kind of land measurement

    J   crops

5 **READ THINK EXPLAIN** Why do you think the missions are so popular with tourists? Use information from the reading and your own ideas to support your answer.

6 **READ THINK CREATE** Father Margil was in his early teens when he made his commitment to become a priest. What personal qualities do you think are necessary for a person that young to make a commitment that is so serious? Do you think that it would be much more difficult today for a person so young to make such a decision and commitment? Why or why not?

Nombre: _____ Fecha: _____

1 Ⓐ Ⓑ Ⓒ Ⓓ   **2** Ⓕ Ⓖ Ⓗ Ⓙ   **3** Ⓐ Ⓑ Ⓒ Ⓓ

4 Ⓕ Ⓖ Ⓗ Ⓙ

5

READ
THINK
EXPLAIN

_____

_____

_____

_____

_____

_____

6

READ
THINK
EXPLAIN

_____

_____

_____

_____

_____

_____

_____

_____

_____

STOP

¡Bienvenidos *a la calle* Olvera!

1 Si vas a Los Ángeles, debes visitar la calle Olvera, que está en el centro viejo de la ciudad y que tiene una atmósfera totalmente mexicana. En el año 1930, esta calle se transformó en un mercado mexicano donde puedes comprar toda clase de productos mexicanos y comer platos mexicanos auténticos. Los fines de semana muchas personas comen en los restaurantes y los mariachis tocan música en la plaza cerca de esta calle.

2 La calle Olvera lleva el nombre de Agustín Olvera, quien vivió en una casa delante de la plaza en el <u>siglo</u> XIX y fue uno de los primeros oficiales de la ciudad. Esta calle es una de las más viejas de la ciudad y tiene mucho interés histórico. Allí están muchos de los lugares más viejos como Casa Pelanconi, en donde está situado el Café La Golondrina, el primer restaurante en Los Ángeles de comida mexicana auténtica.

3 Si estás en la calle Olvera en un día de fiesta mexicana, puedes observar tradiciones y ceremonias muy importantes de la cultura mexicana. Algunos de los días de fiesta mexicana más populares se celebran en la plaza cerca de la calle Olvera. El Cinco de Mayo conmemora la victoria de los mexicanos sobre los franceses en Puebla en 1862. El 16 de septiembre se celebra el Día de la Independencia de México porque ése fue el día en 1810 en que los mexicanos declararon su independencia de España. El dos de noviembre se celebra el Día de los Muertos, el día en que las familias mexicanas van a los cementerios para conmemorar a sus familiares muertos. Cada noche del 16 al 24 de diciembre se celebran las posadas, una fiesta que conmemora los nueve días cuando la Virgen María y San José buscaron un lugar

para descansar con el Niño Jesús.

4 Hoy la calle Olvera forma parte del Monumento Histórico del Pueblo de Los Ángeles. Si la visitas, vas a tener una experiencia muy interesante. Casi dos millones de personas visitan la calle Olvera cada año para participar en las actividades culturales, comer en los restaurantes y aprender más sobre la historia de Los Ángeles.

1 In the article, three of the following are mentioned as ways in which Olvera Street resembles a community in Mexico. Which one is <u>not</u> mentioned?

    A   Vendors sell Mexican products.

    B   Restaurants serve authentic Mexican food.

    C   Mariachis provide entertainment.

    D   Visitors bargain for the products they would like to buy.

2 What does *siglo* mean in paragraph 2?

    F   address

    G   number

    H   century

    J   building

3 Three of the following statements are false. Which one is true?

    A   Olvera Street was named in honor of Agustín Olvera, Los Angeles County's first official.

    B   Olvera Street is the oldest street in Los Angeles.

    C   Olvera Street is the site of some of the oldest buildings in Los Angeles.

    D   Olvera Street is located just outside of Los Angeles.

4 Which of the following statements best describes how the celebration of *las posadas* differs from the other celebrations mentioned?

    F   It takes place over a period of several days and commemorates a religious event.

    G   It commemorates a famous event in Mexican history.

    H   It commemorates a famous tradition celebrated in Mexico.

    J   It takes place only once a year.

5 ¿Qué impacto crees que las diversas comunidades de los Estados Unidos tienen en lo que llamamos "la cultura estadounidense"? Usa detalles e información del artículo en tu respuesta.

6 Piensa en un lugar en tu comunidad o en otra comunidad que es similar a la calle Olvera. ¿Qué hacen las personas de esa comunidad para celebrar su cultura?

Nombre: _____   Fecha: _____

1 Ⓐ Ⓑ Ⓒ Ⓓ   **2** Ⓕ Ⓖ Ⓗ Ⓙ   **3** Ⓐ Ⓑ Ⓒ Ⓓ

4 Ⓕ Ⓖ Ⓗ Ⓙ

5

READ
THINK
EXPLAIN

_____

_____

_____

_____

_____

_____

6

READ
THINK
EXPLAIN

_____

_____

_____

_____

_____

_____

_____

_____

_____

_____

STOP

Spanish-Language
Television *in the United States*

1 Spanish-language television was first broadcast in the United States in New York City and San Antonio in the mid-1940s, at approximately the same time as English-language television. The Spanish-language programs were shown in various time slots on certain English-language channels. The first full-fledged Spanish-language station, KCOR-TV in San Antonio, began broadcasting in 1955. Among its early shows was *Buscando estrellas,* a talent show that brought young entertainers from Mexico to Texas.

2 Today there is a large, well-established audience for Spanish-language broadcasting in the United States. Viewers can enjoy *telenovelas* and other entertainment shows from Mexico, Argentina, Venezuela, and Spain, as well as from such U.S. cities as New York and Miami. International sports events are beamed by satellite from around the globe, with commentary and play-by-play coverage in Spanish.

3 Because Hispanic populations in the United States represent many different countries and cultures, it has been a challenge to create programs that will appeal to this diverse market. One major success was a *telenovela* entitled *Angélica, mi vida,* produced in Puerto Rico in the 1980s. Its subplots dealt with love, tragedy, and power among families of Puerto Rican, Cuban, and Mexican origin.

Cristina Saralegui

4 Today's programs include the most-watched talk show in the world, Miami-based *Cristina,* and the longest-running show on Spanish-language television, *Sábado gigante,* which began broadcasting from Miami in 1986. Cuban-born Cristina Saralegui, who hosts her own show, engages her guests and audiences in lively debates on topical issues. *Sábado gigante* is hosted by Chilean-born Mario Kreutzberger, who uses the pseudonym Don Francisco on his show, which features celebrity guests, contests, games, comedy, and interviews on topics of interest to the Hispanic community. Popular programs originating from outside the United States include *El show de Chespirito* (Mexico), *Informe semanal* (Spain), and *Sábados felices* (Colombia).

5 English-language shows dubbed into Spanish are also shown on Spanish-language TV channels. Among the longest-running of these are cartoon series, such as *The Pink Panther (La Pantera rosa)* and *Spiderman (El Hombre araña).*

Don Francisco

1 Where were the first full-time, regularly scheduled U.S. Spanish-language television programs broadcast from?

    A   Florida

    B   Mexico

    C   New York

    D   Texas

2 Why was *Buscando estrellas* an appropriate name for that particular show?

    F   It highlighted Mexican entertainers.

    G   It was trying to find up-and-coming young entertainers.

    H   It was one of the first shows on KCOR-TV.

    J   It was broadcast regularly.

3 What do Cristina Saralegui and Mario Kreutzberger have in common?

    A   They were both born in South America.

    B   They both broadcast from Florida.

    C   They both use pseudonyms.

    D   Neither of them invites audience participation.

4 Which one of the following statements is <u>not</u> true?

    F   Cultural differences can make programming for Spanish-speaking audiences difficult.

    G   Some of the most popular Spanish-language programs are broadcast from Miami.

    H   *Telenovelas* are always filmed in Puerto Rico with actors from many countries.

    J   Many English-language programs are also broadcast on Spanish-language television using a Spanish soundtrack.

5 **READ THINK EXPLAIN** Based on the article, in what ways would you say that Spanish-language and English-language television programs are similar? In what ways are they different?

Nombre: _____ Fecha: _____

1 Ⓐ Ⓑ Ⓒ Ⓓ   **2** Ⓕ Ⓖ Ⓗ Ⓙ   **3** Ⓐ Ⓑ Ⓒ Ⓓ

4 Ⓕ Ⓖ Ⓗ Ⓙ

5

READ
THINK
EXPLAIN

_____

_____

_____

_____

_____

_____

STOP

Música latina
en la televisión

¿Te gusta ver los videos musicales de Ricky Martin, Marc Anthony, Gloria Estefan, Jennifer Lopez y otros artistas latinos? Pues, la siguiente información te va a interesar.

1 *MTV Latino* es un canal de televisión por cable que empezó en 1993 y que da programas musicales las 24 horas del día. Es el canal favorito del 50 por ciento de los jóvenes latinos en los Estados Unidos. A ellos les fascina porque en este canal dan toda clase de videos musicales, noticias sobre música, artistas, bandas, conciertos y películas, y entrevistas con los artistas más populares. También los jóvenes pueden llamar por teléfono y pedir su video favorito.

Ricky Martin canta y baila al ritmo latino.

Gloria Estefan canta con Justin Timberlake y JC Chasez de *NSync.

2 *MTV en Telemundo* también da programas musicales para los jóvenes. Este programa de televisión por cable, que empezó en septiembre de 1999, es una colaboración entre Telemundo, una de las compañías más grandes de programación en español, y MTV Latinoamérica. Los viernes a las once y media de la noche y los sábados a las once de la noche, los jóvenes pueden ver los diez videos musicales más populares de la semana y también los bailes más populares del mundo latino.

1 According to the reading, which of the following statements is true?

A   Listeners can email their requests to *MTV Latino*.

B   *MTV Latino* offers less musical programming than *MTV en Telemundo*.

C   There are online surveys for both channels.

D   Telemundo is a major television broadcasting company.

2 Which of the following statements is <u>not</u> true?

F   Both *MTV Latino* and *MTV en Telemundo* got started in the 1990s.

G   *MTV Latino* is the favorite channel of half of the young Latinos in the United States.

H   *MTV en Telemundo* offers musical programs for young people on Sundays only.

J   Both *MTV Latino* and *MTV en Telemundo* are on cable.

3 According to the reading, which of the following is <u>not</u> one of the reasons why teens watch *MTV Latino*?

A   It offers a variety of musical programming.

B   It presents news about and interviews with their favorite recording artists.

C   It allows them to call in and request their favorite videos.

D   It doesn't cost anything to receive it.

4 How does *MTV en Telemundo* differ from *MTV Latino*?

F   It offers musical programming, but not on a 24-hour basis.

G   It's available on cable television.

H   It's older than *MTV Latino*.

J   It presents music videos.

5 ¿Por qué crees que la música latina es tan popular entre los jóvenes latinos de los Estados Unidos?

Test 18

Nombre: _____ Fecha: _____

1 Ⓐ Ⓑ Ⓒ Ⓓ   **2** Ⓕ Ⓖ Ⓗ Ⓙ   **3** Ⓐ Ⓑ Ⓒ Ⓓ

4 Ⓕ Ⓖ Ⓗ Ⓙ

5

READ
THINK
EXPLAIN

_____
_____
_____
_____
_____
_____

STOP

¿POR QUÉ *está tan* nervioso?

1 Son las seis y media de la mañana y Marcos está preparándose para el primer día de clases en su nueva escuela. Decide llevar sus jeans nuevos y una camiseta negra.

—Buenos días, Marcos.

—Buenos días, mamá.

—¿Cómo estás?

—Estoy un poco nervioso, mamá.

—¿Por qué? Todo va a estar bien. ¿Tienes todo lo que necesitas en tu mochila?

—Sí, tengo dos bolígrafos, cuatro lápices, un cuaderno, una carpeta de argollas, una calculadora y un diccionario.

—Eres muy ordenado, hijo. Pues, es la hora de salir para la escuela.

2 Cuando Marcos entra en la sala de clases para su clase de primera hora, una estudiante le dice:

—Hola. Me llamo Carolina. ¿Y tú?

—Me llamo Marcos.

—Mucho gusto, Marcos.

—Igualmente, Carolina. ¿De dónde eres?

—Soy de Panamá. ¿Y tú?

—Soy de Perú.

—¿Qué clases tienes?

—Tengo álgebra, historia, español, inglés, biología, literatura, educación física y arte.

—¿A qué hora tienes el almuerzo, Marcos?

—En la cuarta hora.

—Yo también. Pues, ¿te gustaría comer el almuerzo conmigo y con algunos de mis amigos? La cafetería tiene una buena selección de ensaladas y toda clase de sándwiches.

—Sí, me gustaría mucho.

3 Después de su clase de tercera hora, Marcos entra en la cafetería donde están Carolina y sus amigos, Ramón, Javier, María, David y Linda. Todos hablan sobre sus clases y sus actividades extracurriculares. Ramón es miembro de la banda y toca el saxofón. También juega al béisbol. Javier juega al fútbol americano y practica artes marciales. María hace gimnasia y también es bailarina. David juega al básquetbol y trabaja en un supermercado. Linda juega al fútbol y es presidenta del consejo estudiantil. Y Carolina escribe para la revista literaria, canta en el coro y juega al vóleibol.

—Marcos, ¿qué actividades te interesan más? —le pregunta Ramón.

—Pues, toco la trompeta y me gustaría ser miembro de la banda. También me encanta jugar al tenis. ¿Tienen un equipo de tenis en esta escuela?

—¡Claro que sí! Y es uno de los mejores equipos de tenis de nuestra división —le responde Linda.

—Mañana a las tres de la tarde, hay una reunión en el auditorio donde se puede aprender más sobre todas las actividades extracurriculares de la escuela. ¿Por qué no vienes con nosotros? — le dice Javier.

—Bueno. Voy a estar allí.

—Entonces mañana todos nosotros vamos a comer el almuerzo y después de las clases vamos a la reunión —dice David.

Cuando terminan de comer el almuerzo, todos dicen "adiós" y salen para llegar a tiempo a su próxima clase.

4 Cuando Marcos regresa a casa, está cansado pero muy contento porque a él le gusta mucho su nueva escuela. También le gustan sus nuevos compañeros de clase. Quiere participar en unas de las actividades extracurriculares de su escuela y también se interesa en trabajar como tutor en álgebra.

1 Why is Marcos so nervous?

   A He has lost his class schedule.

   B It's his first day at a new school.

   C He can't find his backpack.

   D He doesn't have all of his school supplies.

2 According to the story, what happens when Marcos arrives at school?

   F He has breakfast in the cafeteria.

   G He realizes that he's forgotten his backpack.

   H A classmate introduces herself to him.

   J He realizes that he's late for class.

3 What was discussed during Marcos's lunch with Carolina and her friends?

   A their classes and extracurricular activities

   B their favorite musical instruments

   C their favorite foods

   D the meeting that was held to discuss school activities

4 How does Marcos feel at the end of the day?

   F He's tired from playing tennis.

   G He's happy because the students are friendly and the school has a lot to offer.

   H He's happy because he has a student to tutor in algebra.

   J He's happy because he has signed up for band and the tennis team.

5   ¿Cómo son los nuevos amigos de Marcos?

6 READ THINK EXPLAIN Imagina que eres un(a) nuevo(a) estudiante en tu escuela. Haz una lista de todo lo que debes hacer para tener un primer día perfecto.

Nombre: _____   Fecha: _____

1 Ⓐ Ⓑ Ⓒ Ⓓ   **2** Ⓕ Ⓖ Ⓗ Ⓙ   **3** Ⓐ Ⓑ Ⓒ Ⓓ

4 Ⓕ Ⓖ Ⓗ Ⓙ

5

READ
THINK
EXPLAIN

_____

_____

_____

_____

_____

_____

_____

_____

6

READ
THINK
EXPLAIN

_____

_____

_____

_____

_____

_____

_____

_____

_____

_____

_____

_____

STOP

¿Qué está de moda?

1 Si miras la ropa en fotos viejas o en revistas de modas de hace muchos años, ¿qué te parece? ¿Consideras la ropa bonita o fea? Y si miras una revista de modas de hoy, quizás ves ropa muy parecida. Cada año hay nuevos estilos de ropa, pero curiosamente algunos de los estilos de hace unas décadas están de moda hoy. Así que el estilo de la ropa de tus abuelos en los años sesenta ¡puede ser el mismo que tú y tus amigos van a llevar mañana!

2 De los estilos que están aquí, ¿cuáles están de moda en tu escuela ... y cuáles llevas tú?

3 *La ropa negra de los* **beatniks**
En los años cincuenta, algunos jóvenes son *beatniks,* y llevan sólo ropa negra. Los chicos y las chicas se visten igual, con pantalones, suéteres, botas y chaquetas de cuero. Mucha gente asocia esta ropa con delincuentes juveniles. En realidad, los *beatniks* son artísticos e intelectuales, con inclinación por la poesía, la música y la política.

4 *Las minifaldas y las botas* **go-go**
A fines de los años sesenta, las minifaldas están de moda. Es un estilo exagerado y muy dramático, pero a las jóvenes ya no les gusta llevar vestidos y faldas hasta la rodilla. Para completar su *look,* las chicas llevan botas *go-go,* que generalmente son blancas. Los colores más populares para la ropa son tonos vivos, fuertes y "psicodélicos" de rosa, verde, anaranjado y morado.

5 *Los vestidos del estilo* **granny** *y las camisetas* **tie-dye**
A fines de los años sesenta y a principios de los setenta, muchos jóvenes son *hippies.* Las chicas llevan vestidos largos y flojos con dibujos exóticos de la India, o los vestidos de estilo *granny,* que imitan el estilo de la ropa de las pioneras americanas. Las camisetas *tie-dye* también son muy populares para las chicas y los chicos.

6 *Los zapatos con plataforma*
En los años setenta, los zapatos con plataforma están de moda. Estos zapatos son ideales para las personas bajitas que quieren parecer más altas. ¡Y son perfectas para caminar cuando llueve!

7 *Los jeans*
Antes de los años sesenta, los jeans no se ven mucho en las ciudades. Pero en esa década, muchos estudiantes universitarios empiezan a llevarlos más y más. Los *hippies* llevan los jeans tan a menudo que tienen <u>agujeros</u>. En los años ochenta y noventa, muchos jóvenes compran jeans bastante caros, pero los cortan y les hacen agujeros. Esto es un escándalo para sus padres, que no comprenden por qué sus hijos arruinan su ropa nueva de esta manera. Hoy tantas personas llevan jeans que parecen ser el uniforme más o menos oficial de muchos países.

1 Why might the readers wear the same style of clothes as their grandparents?

    A   It was the most fashionable clothing of the twentieth century.

    B   Their grandparents were very stylish.

    C   Styles often repeat themselves.

    D   They like wearing hand-me-downs.

2 What does the word _agujeros_ mean in paragraph 7?

    F   pockets

    G   holes

    H   buttons

    J   seams

3 According to the article, why were miniskirts such a dramatic change in women's fashion?

    A   Skirt lengths previously had been longer.

    B   They came in psychedelic colors.

    C   The general public did not approve of them.

    D   They gave women more freedom of movement.

4 According to this article, what item of clothing has now become the unofficial "uniform" of many people?

    F   platform shoes

    G   tie-dyed T-shirts

    H   blue jeans

    J   black clothes

5 ¿Qué estilo de ropa de antes no quieres ver nunca más? ¿Por qué no te gusta?

6 READ THINK EXPLAIN   Which of the fashions described do you think also made a political or philosophical statement? Explain your answer.

Nombre: _____ Fecha: _____

1 Ⓐ Ⓑ Ⓒ Ⓓ **2** Ⓕ Ⓖ Ⓗ Ⓙ **3** Ⓐ Ⓑ Ⓒ Ⓓ

4 Ⓕ Ⓖ Ⓗ Ⓙ

5

READ
THINK
EXPLAIN

_____

_____

_____

_____

_____

_____

6

READ
THINK
EXPLAIN

_____

_____

_____

_____

_____

_____

_____

_____

_____

STOP

La Casa de los
Azulejos

1 En Nueva España, que es como se llama México hace muchos años, vive un joven muy rico. Este joven, que se llama Luis, siempre tiene conflictos con su padre porque le encanta gastar su dinero en lujos extravagantes.

2 —¡Con muchos sacrificios gané nuestra fortuna, y ahora tú vas a terminar con ella! —le dice su padre a Luis.— Por favor, hijo, ¡piensa en lo que haces!— Pero Luis sólo piensa en gastar dinero y llamar la atención de todos con sus lujos.

3 La fama de Luis y cómo gasta la fortuna de su padre llegó a los oídos del virrey (el representante del rey español en Nueva España). El virrey dice con mucho sarcasmo: "Ése no hará nunca casa de azulejos." Este comentario quiere decir que Luis nunca va a hacer nada bueno con su dinero. Para recuperar su honor, Luis compró una hermosa mansión en el centro de la ciudad y la decoró con brillantes azulejos. Estos azulejos tienen bellos dibujos en azul, blanco y amarillo. Así, dice la tradición popular, es cómo originó la Casa de los Azulejos.

4 Se dice también que unos años después, Luis compró muebles elegantes para la casa y organizó una fiesta con

baile en honor de sus padres. Durante la fiesta Luis notó que un reloj muy caro desapareció de su lugar. Entonces los músicos ya no tocaron y Luis dijo a los invitados:

5 —Alguien me robó un reloj de oro y diamantes que me regaló el rey. Miren, el reloj ya no está allí, al lado de la ventana. Pero no importa

porque a las doce de la noche, el reloj va a tocar música que todos ustedes van a oír en la sala. Así vamos a saber quién es el <u>ladrón</u>.

6 Para darle al ladrón la oportunidad de devolver el reloj, la sala se quedó sin luz.

7 Cuando volvieron a poner las luces, todos vieron el reloj otra vez en su lugar. Entonces la fiesta continuó.

8 ¡Ninguno de los invitados sabe que el reloj de Luis no toca música! Todo fue una ingeniosa idea de Luis para recuperar su reloj.

1 Where does this story take place?

  A   in Spain
  B   in New Mexico
  C   in Mexico
  D   in Azulejos

2 Why was Luis's father so unhappy with him?

  F   Luis was wasting the family fortune.
  G   Luis was always breaking the law.
  H   Luis was more famous than he was.
  J   Luis never bought anything for his father.

3 How did Luis react to the viceroy's negative comment about him?

  A   He laughed about it.
  B   He became angry and confronted him about it.
  C   He decided to try to rebuild his reputation.
  D   He paid no attention to it.

4 What is the origin of the Casa de los Azulejos?

  F   It's the mansion that the king gave Luis.
  G   It's the mansion that Luis bought and decorated with blue, white, and yellow tiles.
  H   It's the mansion that Luis bought from his father.
  J   It's the mansion that Luis's father bought.

5 Why did Luis say that the clock was going to play music at midnight?

  A   to impress his guests
  B   to know the time
  C   to catch the thief
  D   to play a joke

6 ¿Por qué crees que el dinero es la causa de muchos conflictos entre padres e hijos? ¿Cómo reaccionan tus padres cuando no piensas antes de gastar dinero?

Nombre: _____ Fecha: _____

1 Ⓐ Ⓑ Ⓒ Ⓓ   **2** Ⓕ Ⓖ Ⓗ Ⓙ   **3** Ⓐ Ⓑ Ⓒ Ⓓ

4 Ⓕ Ⓖ Ⓗ Ⓙ   **5** Ⓐ Ⓑ Ⓒ Ⓓ

6

READ
THINK
EXPLAIN

_____

_____

_____

_____

_____

_____

STOP

El parque

Adaptado de un poema de Elizabeth Millán

1 De niño Manolito jugaba en este parque.
Allí está el árbol que le gustaba <u>trepar</u>.
Aquí había una cuerda que le gustaba saltar.
Y el patio de recreo por donde montaba
en su triciclo
es hoy un feo y aburrido
centro comercial.

2 De joven llegaba al parque también Manolo
con sus amigos de la escuela.
Eran chicos bien educados y obedientes,
(bueno, ¡casi siempre!)
Manolo era generoso y compartía
con ellos todo lo que tenía:
sus colecciones de muñecos, tarjetas, monedas y sellos
y también ideas, sueños y penas.

3 Hace poco que Manuel
y otros universitarios,
se quedaban hasta muy tarde
hablando de todo:
de su presente, de su futuro,
de la política y del mundo
(y de las novias y del fútbol).

4 Don Manuel llegaba después,
tan serio con su periódico,
de lunes a viernes
en camino al trabajo.
Los domingos pasaba
con su mujer y sus tres hijos,
después de tomar paella
en Casa Paco
y antes de su siesta.

5 Y hoy sólo este viejecito siempre
pasa
y se queda sólo un momento.
Busca el árbol que trepaba,
el patio de recreo donde jugaba,
y el lugar por donde
caminaba con su mujer
y sus hijos.
Y llora porque está solo y
sólo los ve en sus recuerdos.

6 Y se va lentamente,
muy lentamente ...

1 According to the poem, don Manuel

    A never thinks about his childhood.

    B thinks about his past.

    C often talks about his work.

    D still likes politics and soccer.

2 Why does the writer use the names Manolito, Manolo, and don Manuel?

    F They are the grandson, son, and father of the writer.

    G They are three different people.

    H They are the names the same man had at different ages of his life.

    J They are variants of the same name.

3 At the end of the poem, the reader realizes that

    A this is just a dream.

    B don Manuel doesn't like to take walks in the park.

    C don Manuel lives in the park.

    D don Manuel is now old and lonely.

4 Using context clues, what is the meaning of the word _trepar_ in verse 1?

    F to collect

    G to climb

    H to plant

    J to ride

5 READ THINK EXPLAIN What are your most vivid memories of your early childhood? Describe them in a short paragraph.

6 READ THINK CREATE Imagina que tienes ochenta años. ¿Cuáles son tus recuerdos? Escribe un párrafo describiendo tu vida de niño (niña), de joven y de adulto (adulta). Describe a tus amigos, a tu familia, tus actividades favoritas y tus temas favoritos de conversación.

Nombre: _____ Fecha: _____

1 Ⓐ Ⓑ Ⓒ Ⓓ   **2** Ⓕ Ⓖ Ⓗ Ⓙ   **3** Ⓐ Ⓑ Ⓒ Ⓓ

4 Ⓕ Ⓖ Ⓗ Ⓙ

5

READ
THINK
EXPLAIN

_____
_____
_____
_____
_____
_____

6

READ
THINK
CREATE

_____
_____
_____
_____
_____
_____
_____
_____
_____
_____

STOP

Las rosas de Casilda

En el año 711 los moros del norte de África invadieron a España y durante ocho siglos *(centuries)* gobernaron en muchas partes del país hasta su expulsión por los reyes católicos, Isabel y Fernando, en 1492. Durante estos años, había peleas constantes entre los moros y los cristianos. Había moros y cristianos crueles, pero también había muchos que eran buenos.

1 En el siglo XI vivía en Toledo un rey moro que se portaba muy mal con los cristianos. En todo el país tenía fama de ser muy cruel. Pero su hija, la princesa Casilda, era buena, obediente y generosa. Ella se comportaba bien con la gente. Tenía todas las cualidades que a su padre le faltaban. También era una joven muy bonita.

2 El rey se llamaba Al-Mamún, y él y la princesa vivían en el alcázar de Toledo. (Un alcázar es el nombre árabe de un palacio.) Además de tener cientos de cuartos y salas, el alcázar tenía una prisión en el sótano para los prisioneros políticos y religiosos. Cuando salía victorioso, el rey Al-Mamún capturaba a los cristianos y los llevaba a la prisión en el horrible sótano del alcázar. Allí, las familias estaban separadas y todos —hombres, mujeres, niños y ancianos— fueron torturados. Sufrían mucho. Gritaban y lloraban constantemente, pero sobre todo por la noche, mientras los que vivían en el alcázar estaban durmiendo.

3 Una noche, los gritos despertaron a la princesa Casilda. La buena mora se levantó y decidió investigar lo que pasaba. Casilda llegó a la puerta de la prisión y vio a los pobres prisioneros. Vio que tenían hambre, y que algunos estaban mal heridos. Le dio mucho pena, pero no hizo nada.

4 Al día siguiente, le preguntó a su padre: —Querido padre, ¿por qué gritan y lloran los prisioneros? ¿Por qué no tienen ni comida para su hambre ni medicinas para curar sus heridas?

5 —¡No me preguntes esto! ¡Son mis prisioneros! ¡Y no vuelvas a bajar a la prisión! ¡Te lo prohíbo! —contestó el rey, furioso.

6 Pero la visión de los prisioneros —sobre todo la de los niños— le quitaba el sueño a Casilda. No podía dormir, pensando en ellos. Y aquella misma noche, mientras todos estaban durmiendo, Casilda bajó a la cocina del alcázar, buscó pan y otros alimentos y escondió todo dentro de su larga falda. Volvió a la prisión con la comida. Al día siguiente —y por la noche— bajó a la prisión con más comida y con algunas medicinas. Así pasaba Casilda los meses de la primavera y del verano.

7 Un día su padre el rey tuvo que irse de viaje. Iba a estar ausente unas semanas. Durante el viaje del rey, Casilda visitaba a los prisioneros de día. Pero una tarde mientras Casilda les llevaba comida y medicinas escondidas en su falda, llegó al alcázar su padre.

8 —¿Qué haces, Casilda? —preguntó el rey—. ¿Y qué llevas en la falda?

9 Casilda estaba paralizada de miedo. Ella sabía lo cruel que era su padre con todos los que no le obedecían. Con mucho miedo, entonces, la princesa contestó: —Padre, son sólo unas rosas del jardín.

10 —No me mientas, hija. ¡Quiero ver lo que tienes ahora mismo! —gritó el rey.

11 Casilda no podía esconder lo que llevaba. Temblando, ella abrió la falda pero no había ni comida ni medicina. En su lugar, ¡había unas preciosas rosas rojas!

12 Ocurrió un <u>milagro</u> y el rey lo sabía. Esta misma tarde, Al-Mamún puso en libertad a todos los prisioneros y terminó para siempre las peleas con los cristianos.

1 Casilda and her father lived in

    A   a dark basement of the palace.

    B   North Africa.

    C   Al-Mamún.

    D   an *alcázar*.

2 Which of the following statements is <u>not</u> true?

    F   The prisoners suffered a great deal.

    G   The prisoners were tortured.

    H   Families were separated in prison.

    J   Many prisoners were executed.

3 The king's behavior changed because

    A   of how the food and medicine changed into roses.

    B   his armies were victorious.

    C   the prisoners escaped from prison.

    D   he saw the food and medicine Casilda had hidden.

4 What does the word <u>*milagro*</u> mean in paragraph 12?

    F   conflict

    G   a kind of flower

    H   miracle

    J   military victory

5 Describe how you think Casilda was affected by seeing the prisoners.

6 READ THINK EXPLAIN Casilda no obedeció a su padre porque ella siempre bajaba a la prisión para ayudar a los prisioneros. ¿Es importante siempre obedecer? Describe los momentos en los que hay que obedecer y en los que no es necesario seguir las reglas.

Nombre: _____   Fecha: _____

1 Ⓐ Ⓑ Ⓒ Ⓓ   **2** Ⓕ Ⓖ Ⓗ Ⓙ   **3** Ⓐ Ⓑ Ⓒ Ⓓ

4 Ⓕ Ⓖ Ⓗ Ⓙ

5

READ
THINK
EXPLAIN

_____
_____
_____
_____
_____
_____

6

READ
THINK
EXPLAIN

_____
_____
_____
_____
_____
_____
_____
_____
_____

STOP

Ray Suarez

1 Entre los reporteros de televisión y radio más respetados de los Estados Unidos figura Ray Suarez. Suarez nació en 1957 y hace más de veinticinco años que es reportero. En ese tiempo ha trabajado en muchas de las principales ciudades del mundo.

2 Como reportero, Suarez es famoso por sus entrevistas de personas famosas y su análisis de eventos con impacto histórico. En su trabajo en programas de *talk radio,* Suarez también es excepcional por su talento especial para conversar con personas "comunes y corrientes" (*"ordinary"*) sobre cosas que son importantes para ellos. Su excelente trabajo le ha ganado muchos premios y honores. Entre los más importantes está el premio 1993/94 Alfred I. DuPont-Columbia University Silver Baton. Suarez ganó este premio por su programa de radio en NPR (National Public Radio), *Talk of the Nation,* que se transmitió desde Sudáfrica cuando, por primera vez, las elecciones en ese país incluyeron personas de todas las razas.

3 Otro honor ocurrió en octubre de 1999, cuando Suarez llegó a ser *senior correspondent* en el prestigioso programa, *The NewsHour with Jim Lehrer.* Este programa de noticias de televisión se transmite todas las noches de lunes a viernes por medio de PBS (Public Broadcasting System). Tiene un público de más de 3 millones de personas en todos los Estados Unidos.

4 Suarez nació Rafael Ángel Suarez, Jr. en Brooklyn, New York, de padres puertorriqueños. Estudió en New York University, donde su especialidad fue la historia africana. También estudió en la Universidad de Chicago, donde recibió su diploma de maestro en artes en estudios urbanos.

5 Suarez ha trabajado en Washington, D.C., Los Ángeles, Nueva York, Roma y Londres. También trabajó por siete años en Chicago, donde ayudó a fundar la organización Chicago Association of Hispanic Journalists. Fue voluntario con la YMCA de Chicago para ayudar a jóvenes pandilleros a abandonar su vida de crimen y violencia como miembros de pandillas, y empezar una vida nueva.

6 Además de su trabajo en *The NewsHour with Jim Lehrer,* Suarez escribe artículos y

ensayos sobre temas políticos y sociales para varias revistas. En 1999, se publicó su libro, *The Old Neighborhood: What We Lost in the Great Suburban Migration, 1966-1999.* En este libro, Suarez examina por qué ya no existe un espíritu de comunidad en las grandes ciudades de los Estados Unidos. Habla francamente de problemas entre las razas en estas ciudades, y de cómo estos problemas contribuyeron a la migración de la gente blanca a los suburbios.

7 Una de las observaciones más interesantes de Suarez en *The Old Neighborhood* es sobre los latinos. Dice que los latinos en las grandes ciudades de los Estados Unidos son "invisibles" para los americanos, aunque están en todas partes haciendo los trabajos difíciles y necesarios para mejorar la vida de todos.

8 Algunas personas no estarán de acuerdo con esta observación, ni con otras de sus opiniones. Pero una cosa sí está clara: Ray Suarez va a seguir siendo muy visible, ayudando a su público a entender a las personas y los eventos —extraordinarios y no tan extraordinarios— de su tiempo.

1 According to the article, how does Suarez stand out in his work in the broadcast news field?

    A   He can anticipate major political and social events.

    B   He can talk easily with both famous and ordinary people.

    C   He has an excellent memory and can make connections to other relevant topics.

    D   He doesn't get flustered in tense situations.

2 What did Suarez do during South Africa's first all-race elections that won him a major award?

    F   He eased tensions between the races.

    G   He interviewed people on the street.

    H   He made a documentary.

    J   He broadcast his show from South Africa for that special event.

3 According to the article, what honor did Suarez receive as a television news reporter at the end of the last century?

    A   a job as senior correspondent on *The NewsHour with Jim Lehrer*

    B   the publication of his book, *The Old Neighborhood*

    C   a prize for his help in establishing the Chicago Association of Hispanic Journalists

    D   a second Alfred I. DuPont-Columbia University Silver Baton Award

4 In *The Old Neighborhood*, what does Suarez say about Hispanic Americans?

    F   They should be welcomed and supported as new immigrants.

    G   They should learn English as soon as possible.

    H   Other Americans fail to realize the many contributions made by Hispanic Americans.

    J   They should never forget their origins as they assimilate into the United States.

5 **READ THINK CREATE** ¿Qué pregunta te gustaría hacerle a Ray Suarez? ¿Por qué quieres saber esta información?

6 **READ THINK EXPLAIN** ¿Qué es lo que más admiras de Ray Suarez? ¿Por qué? Usa información y detalles del artículo en tu respuesta.

Nombre: _____   Fecha: _____

1 Ⓐ Ⓑ Ⓒ Ⓓ **2** Ⓕ Ⓖ Ⓗ Ⓙ **3** Ⓐ Ⓑ Ⓒ Ⓓ

4 Ⓕ Ⓖ Ⓗ Ⓙ

5

READ
THINK
CREATE

_____

_____

_____

_____

_____

_____

6

READ
THINK
EXPLAIN

_____

_____

_____

_____

_____

_____

_____

_____

_____

STOP

Test

Flan de piña

El flan es un postre de natillas (custard) *cocidas en su propia salsa de caramelo. Es muy popular en España y en México, y también se encuentra en los restaurantes de cocina hispana en los Estados Unidos.*

Los ingredientes típicos del flan son azúcar, leche y huevos. Pero hay muchas recetas para hacer el flan, con diferentes ingredientes, medidas, tiempo de cocción y temperaturas, y recomendaciones sobre si es mejor prepararlo usando sólo el fuego de la estufa o el del horno también.

Esta receta contiene un ingrediente diferente muy sabroso y usa el fuego de la estufa y del horno. Como todo flan, éste se prepara en dos fases —primero el caramelo, y luego el flan.

Para hacer el caramelo

BATERÍA DE COCINA:
1 molde que se puede
   calentar en la estufa

INGREDIENTES:
½ taza de azúcar
1 cucharada de agua

PREPARACIÓN:
1. Se mezcla el agua con el azúcar en el molde y se calienta a fuego lento en la estufa. Cuando la mezcla esté brillante, se sube el fuego y se hierve la mezcla por unos minutos.
2. Cuando la mezcla tenga el color café claro del caramelo, se quita del fuego. Se inclina el molde por todos lados para que el caramelo quede por todo el fondo y los lados del molde. Se cubre el molde.

¡Ojo! ¡El azúcar se pone muy caliente y puede quemarle!

Para hacer el flan

BATERÍA DE COCINA:
1 cacerola que se
   puede calentar en
   el horno
1 olla

INGREDIENTES:
1½ tazas de jugo de
   piña (en lata)
⅔ de taza de azúcar
6 huevos

PREPARACIÓN:
1. Se hierven el jugo de piña y el azúcar en una olla, de 5 a 10 minutos, y después se enfría la mezcla.
2. Se baten los huevos y poco a poco se añaden a la mezcla en la olla.
3. Se pone la mezcla en el molde, y luego se pone el molde entero en una cacerola resistente al calor del horno. Se le pone agua caliente a la cacerola (¡no al molde!) hasta que el molde esté rodeado de agua, pero no sumergido. Se pone la cacerola con el molde al horno a 325°F por 50 ó 60 minutos.
4. Se saca la cacerola del horno. Se saca el molde del agua, se enfría un poco y se pone en el refrigerador.
5. Cuando sea conveniente, se saca el molde del refrigerador, y se saca el flan del molde.
6. Se sirve el flan en seguida, o se devuelve al refrigerador hasta la hora de servirlo.

¡Buen provecho!

1 Which one of the following is <u>not</u> a typical ingredient in *flan*?

    A   milk

    B   eggs

    C   sugar

    D   pineapple

2 What is the meaning of *"batería de cocina"*?

    F   pots and pans

    G   baking goods

    H   battery-operated small kitchen appliances

    J   basic cooking utensils

3 According to the recipe, what do you have to watch out for as you are preparing the caramel?

    A   The caramel sauce might coat the bottom and sides of the mold.

    B   The sugar gets very hot and might burn you.

    C   The water might overflow from the pan holding the mold.

    D   The mix of sugar and water might get too bright and brittle.

4 Which kinds of heat are used for this recipe and when are they used?

    F   stovetop only for the entire recipe

    G   oven only for the entire recipe

    H   first oven, then stovetop

    J   first stovetop, then oven

5 **READ THINK EXPLAIN** Nombra un ingrediente que te gustaría usar en una receta para flan. ¿En qué otros postres se usa ese ingrediente? ¿Es un ingrediente típico de postres americanos o de postres de otros países?

6 **READ THINK EXPLAIN** What do you think is the most important advice to give someone writing a recipe? What is the most important advice to give someone following a recipe? Explain your answers.

Nombre: _____ Fecha: _____

1 Ⓐ Ⓑ Ⓒ Ⓓ   **2** Ⓕ Ⓖ Ⓗ Ⓙ   **3** Ⓐ Ⓑ Ⓒ Ⓓ

4 Ⓕ Ⓖ Ⓗ Ⓙ

5

READ
THINK
EXPLAIN

_____
_____
_____
_____
_____
_____

6

READ
THINK
EXPLAIN

_____
_____
_____
_____
_____
_____
_____
_____
_____

STOP

Dos atracciones turísticas
de América Latina

El Parque Internacional La Amistad

1 Si visitas Costa Rica, puedes ver un sistema impresionante de parques nacionales, reservas indígenas y biológicas, y refugios para los animales salvajes. Gracias al Servicio de Parques Nacionales, que se estableció en 1970, más del 25 por ciento del país está reservado para la conservación. Por eso muchas especies que están en peligro de extinción en los países cerca de Costa Rica pueden vivir aquí.

2 Uno de los parques nacionales más interesantes es El Parque Internacional La Amistad, la reserva natural más grande de Costa Rica. Se llama internacional porque una parte del parque está situada en el país de Panamá. Hay mucha diversidad de hábitats y especies en el parque porque existe una gran variedad de altitudes y climas en esta zona. En el parque viven cinco tipos de felinos: el jaguar, el puma, el margay, el ocelote y el jaguarundi. También hay más de 200 especies de reptiles y anfibios y más de 500 especies de pájaros.

3 Turistas de todo el mundo van a Costa Rica todos los años para admirar esta maravilla tropical. Las visitas de estos turistas ayudan la economía del país y también contribuyen a la protección de sus recursos naturales.

Las Islas Galápagos

4 Ecuador, situado en la parte oeste de América del Sur, es el país más pequeño de la región de los Andes. Gracias a su clima agradable y sus diversos hábitats, tiene una de las colecciones más extraordinarias de plantas y animales exóticos de todo el mundo.

5 Las Islas Galápagos son parte de Ecuador; están en el océano Pacífico, a unas seiscientas millas de la costa ecuatoriana. Las Islas Galápagos son un parque nacional y son famosas por los pingüinos, iguanas y tortugas gigantes que viven allí. Muchos de estos animales están en peligro de extinción. Para conservar el ecosistema del parque, hoy día se limita el número de personas que pueden visitarlo cada año. También se usa el dinero del turismo para proteger las diferentes especies que viven allí.

6 A los científicos les interesa mucho la flora y fauna de las Islas Galápagos. En 1835, el naturalista inglés Charles Darwin llegó a las Islas como parte de una expedición científica de cinco años. Darwin se quedó en las Islas unos meses y estudió las plantas y animales que había allí y que no se encontraban en otras partes del mundo.

1 According to the reading, why is it possible for such a wide variety of species to exist in El Parque Internacional La Amistad?

   A   The National Park Service imports exotic species from other countries.

   B   It includes areas that have significant differences in altitude and climate.

   C   Part of the park is in Costa Rica and part is in Panama.

   D   Five zones of life are found in the park.

2 Why is it beneficial for the Galapagos Islands to be designated a national park?

   F   It allows the park authorities to protect the ecosystem by limiting the number of visitors.

   G   It allows the park authorities to charge more for admission.

   H   It allows the park authorities to hire more park-certified guides.

   J   It makes it more attractive as a tourist destination.

3 According to the article, which of the following is something that El Parque Internacional La Amistad and the Galapagos Islands do <u>not</u> have in common?

   A   Both are national parks.

   B   Both are popular tourist sites in their respective countries.

   C   Both are associated with studies conducted by well-known scientists.

   D   Both are home to diverse habitats and species.

4 In El Parque Internacional La Amistad there are

   F   more species of felines than reptiles.

   G   more species of amphibians than birds.

   H   more species of birds than reptiles.

   J   about as many species of birds as there are reptiles.

5 READ THINK EXPLAIN ¿Por qué crees que algunos de los animales de las Islas Galápagos están en peligro de extinción?

6 READ THINK EXPLAIN Has visto que estas dos atracciones turísticas son muy populares. ¿Por qué es esto bueno y malo al mismo tiempo?

Nombre: _____   Fecha: _____

1 Ⓐ Ⓑ Ⓒ Ⓓ   **2** Ⓕ Ⓖ Ⓗ Ⓙ   **3** Ⓐ Ⓑ Ⓒ Ⓓ

4 Ⓕ Ⓖ Ⓗ Ⓙ

5

READ
THINK
EXPLAIN

_____
_____
_____
_____
_____
_____

6

READ
THINK
EXPLAIN

_____
_____
_____
_____
_____
_____
_____
_____
_____
_____

STOP

Español, el idioma del futuro

1 De los más de 3,500 idiomas que se hablan, el español es, según algunas estadísticas, el tercer idioma más hablado, y según otras, es el cuarto. El chino es el idioma que más personas hablan y luego está el hindi; el inglés y el español compiten por el tercer lugar. Hay alrededor de 400 millones de hispanohablantes en el mundo. El español es el idioma oficial de más de 20 países y se habla en todos los continentes: Europa, América, África, Asia (hay muchos filipinos que lo hablan), Oceanía (en la Isla de Pascua de Chile) y Antártida (donde Argentina y Chile tienen bases científicas). A estos 400 millones, hay que añadir casi 100 millones más que lo hablan como segundo idioma.

2 En los Estados Unidos la población hispana sigue aumentando de manera constante. Según los datos del censo, el 13 por ciento de la población es hispano; para el año 2050 se estima que será el grupo minoritario más grande del país. El idioma que hablan los más de 39 millones de hispanos en los Estados Unidos tiene ahora una nueva importancia: capturar al consumidor de habla hispana. Los hispanos en los Estados Unidos han creado un nuevo y dinámico mercado, donde ya hay 48 canales de televisión en español, 460 emisoras de radio y 36 periódicos.

3 Es evidente que el español no solamente es importante en los Estados Unidos. Por razones prácticas y económicas, es una de las <u>lenguas</u> que más se estudia como idioma extranjero fuera de España y de los países hispanos de América. En los Estados Unidos, por ejemplo, se estima que más de tres millones de jóvenes lo estudian. En el futuro, será importante saber los dos idiomas (inglés y español) para obtener un trabajo en muchas profesiones.

4 En Brasil hay cursos de español en prácticamente todas las universidades del país. Casi 50 millones de brasileños (el 31 por ciento de la población) estudian español en las escuelas; es obligatorio estudiarlo en las escuelas secundarias. Y después del inglés, es la segunda lengua más hablada entre ejecutivos e industriales brasileños.

5 En los países europeos, más de 1,700,000 jóvenes estudian español en los diversos sistemas educativos. En Francia, es la segunda opción lingüística en los colegios; la primera opción es el inglés.

6 En Japón hay 60,000 estudiantes universitarios de español. Se ofrecen carreras en lengua española en 18 universidades y hay más de 115 centros de enseñanza de español. En Corea del Sur, lo estudian más de 20,000 estudiantes y hasta se ofrecen cursos de español en la radio.

7 En Australia, el español es el idioma europeo que más se estudia. Como hay, además, 95,000 familias que hablan español en casa, no es sorprendente que haya en ese país tres periódicos en español.

8 Por eso, es vital que los que hablan español sepan su importancia, e intenten conservar las tradiciones y la cultura de este grupo de hablantes que tiene un lugar tan importante en el mundo.

1 The main idea of this article is to

    A give a brief history of the Spanish language.

    B explain where the reader can study Spanish.

    C describe the growing importance of the Spanish language.

    D give an overview of the most popular world languages.

2 Which of the following words is a synonym for _lenguas_ in paragraph 3?

    F _profesiones_

    G _idiomas_

    H _gerentes_

    J _carreras_

3 According to the article, why do so many students study Spanish in Brazil?

    A It's similar to Portuguese.

    B It's one of Brazil's official languages.

    C Spanish classes are free.

    D Spanish classes are compulsory in high school.

4 Which of the following statements is <u>not</u> true?

    F Spanish can be heard on every continent.

    G Hispanics make up a relatively untapped market in the United States.

    H Hispanics are a growing minority in the United States.

    J South Korea offers Spanish lessons on the radio.

5 READ THINK EXPLAIN ¿Por qué crees que será importante saber inglés y español para obtener un trabajo en los Estados Unidos?

6 READ THINK EXPLAIN ¿Por qué tantas personas hablan español como segundo idioma? Usa información del artículo para justificar tu respuesta.

Nombre: _____ Fecha: _____

1 Ⓐ Ⓑ Ⓒ Ⓓ **2** Ⓕ Ⓖ Ⓗ Ⓙ **3** Ⓐ Ⓑ Ⓒ Ⓓ

4 Ⓕ Ⓖ Ⓗ Ⓙ

5

READ
THINK
EXPLAIN

_____
_____
_____
_____
_____
_____

6

READ
THINK
EXPLAIN

_____
_____
_____
_____
_____
_____
_____
_____

STOP

Mitos sobre
Cristóbal Colón *y sus viajes*

1 Cristóbal Colón es posiblemente la figura histórica más famosa en los países de las Américas. Pero esto no quiere decir que lo que generalmente se sabe sobre Colón es verdadero. En realidad, mucha de la información es simplemente una repetición de mitos aceptados por más de 500 años.

2 Uno de los mitos más populares sobre Colón es que él fue el primero en decir que el mundo es redondo. La verdad es que ésta era una idea generalmente aceptada en la época de Colón. Los matemáticos de la Grecia antigua fueron los primeros en llegar a esta conclusión, y también calcularon con bastante precisión el tamaño del mundo.

3 Según otro mito, Colón era un navegante brillante. Es más correcto decir que era muy buen marinero, y que conocía los vientos y las corrientes del mar bastante bien. Pero Colón calculaba las distancias mal. Pensaba que la Tierra era mucho más pequeña de lo que es. Por eso murió convencido de que en sus cuatro viajes exploró partes de Asia, y no tierras previamente desconocidas. En su primer viaje, cuando llegó a tierra el 12 de octubre de 1492, pensó que estaba en la India, y por eso llamó "indios" a la gente que encontró allí.

4 Muchos estadounidenses piensan que Colón llegó a los Estados Unidos continentales. En realidad, las únicas partes del país que él vio o visitó fueron las Islas Vírgenes y Puerto Rico. En sus viajes, Colón exploró islas en el Atlántico y el Caribe. En su tercer viaje, navegó por la costa de lo que hoy es Venezuela, y en su cuarto, exploró la costa de lo que hoy son Honduras, Nicaragua, Costa Rica y Panamá.

Como base para sus cuatro viajes, Colón escogió la isla que él nombró "la Española," donde están hoy día Haití y la República Dominicana. De todos los países de las Américas, la República Dominicana es el que está más estrechamente relacionado con Colón —la colonia en Santo Domingo, que hoy es la capital del país, fue gobernada por Colón, sus hermanos y su hijo.

5 Otro mito sobre Colón es que fue un gobernador justo y bueno. Según este mito, si Colón hizo cosas que hoy día nosotros consideramos brutales, hay que ver estos actos en el contexto de lo que hacía la gente en esa época. Pero en realidad, muchos de los contemporáneos de Colón lo criticaron severamente cuando vieron cómo trataba a la gente bajo su control. Él y sus hermanos torturaban y ejecutaban a sus hombres si no seguían sus órdenes. Tomaban a los indígenas como esclavos para construir sus colonias y para buscar oro. Los indígenas en la Española fueron tratados tan brutalmente que pronto murieron. Cuando Colón llegó a la isla por primera vez, había 250.000 indígenas. Dos años más tarde, quedaban sólo 125.000.

6 Otro mito muy popular sobre Colón es que murió pobre y en la desgracia. Al contrario, murió bastante rico, con dinero de sus minas americanas, y con sus títulos de Almirante y virrey. Es verdad que los reyes españoles, Fernando e Isabel, no le dieron más poder a Colón cuando vieron que no sabía gobernar y que era muy cruel con sus hombres y con los indígenas. Pero no le quitaron ni su fortuna ni sus honores, y Colón murió en su propio apartamento en Valladolid, España, atendido por su familia y amigos.

Los viajes de Cristóbal Colón, 1492–1503

América del Norte

Florida

Islas Bahamas

Cuba

la Española

Primer Viaje

Segundo Viaje

Cuarto Viaje

Tercer Viaje

Jamaica

Puerto Rico

Panamá

América del Sur

1 Which one of the following statements is false?

    A   Columbus died thinking that he'd reached Asia.

    B   Columbus neither saw nor visited the United States mainland.

    C   Columbus made his base on Hispaniola, the island that today is divided into Haiti and the Dominican Republic.

    D   Columbus was universally admired by his contemporaries.

2 According to the article, what was Columbus's talent as a seaman?

    F   He could sail by the stars.

    G   He knew the winds and ocean currents very well.

    H   He could calculate distances with great accuracy.

    J   He recognized that the world was round.

3 According to the article, what argument has been made to excuse Columbus's cruelty toward his men and the indigenous people?

    A   He had periods of madness in which he was not responsible for his actions.

    B   His actions need to be examined in the context of his time.

    C   He was provoked and attacked constantly.

    D   His cruelty was exaggerated by his enemies.

4 Why did the king and queen of Spain decide not to give Columbus additional power?

    F   He governed poorly and was cruel.

    G   They wanted his brothers to rule.

    H   He wasn't delivering the gold from his mines in the New World.

    J   He was already an admiral and viceroy.

5 **READ THINK EXPLAIN**   Nombra algunas cosas que aprendiste del artículo que fueron sorpresas para ti.

6 **READ THINK EXPLAIN**   Piensa en uno de los mitos sobre Colón y explica porque la gente todavía lo cree. Incluye en tu respuesta las razones por las cuales el mito nació y porqué la gente sigue creyendo en él.

Nombre: _____ Fecha: _____

1 Ⓐ Ⓑ Ⓒ Ⓓ **2** Ⓕ Ⓖ Ⓗ Ⓙ **3** Ⓐ Ⓑ Ⓒ Ⓓ

4 Ⓕ Ⓖ Ⓗ Ⓙ

5

READ
THINK
EXPLAIN

_____
_____
_____
_____
_____
_____
_____
_____

6

READ
THINK
EXPLAIN

_____
_____
_____
_____
_____
_____
_____
_____
_____
_____
_____

STOP

Guernica:
La pintura como protesta

1 En julio de 1936, unos oficiales del ejército español se rebelaron contra el gobierno de la República. Los habitantes del país se dividieron en dos facciones: republicanos y nacionalistas. Hubo una guerra civil terrible que duró hasta 1939. Murieron más de un millón de personas.

2 El 26 de abril de 1937, un pueblo en el norte de España fue bombardeado. Aunque el lugar no tenía ningún valor militar, el ataque duró tres horas y murieron 1.645 personas.

3 En todas partes del mundo la gente reaccionó contra ese ataque. Protestaron, escribieron artículos y algunos fueron a España a luchar, incluso un grupo de norteamericanos que se llamaba *The Abraham Lincoln Brigade*. Una de las muchas obras literarias escritas sobre esa guerra fue la novela famosa de Ernest Hemingway, *Por quién doblan las campanas*.

4 Una persona que respondió a ese evento de una manera personal fue el pintor español Pablo Picasso, que en aquel tiempo vivía en París. En esa época era probablemente el artista más conocido del mundo. Fue uno de los creadores del cubismo y gran explorador de nuevos estilos y técnicas en la pintura. Su reacción fue, ese mismo verano, la creación de una pintura para la sección del gobierno español en la Feria Mundial de París. Esa obra representaba la masacre de Guernica, ese pueblo al norte de España.

5 El *Guernica* de Picasso no es una pintura realista, pero tampoco es difícil de comprender. Una bombilla eléctrica ilumina la escena como una explosión. Figuras de personas y animales se mezclan en el horror. Una mujer llora por su bebé muerto. Otras dos corren por la calle, y otra, con una lámpara en la mano, mira la masacre desde una ventana. Hay un hombre muerto, caído en el suelo. Un caballo relincha con terror. A un lado hay un toro, quizás el símbolo de España misma.

6 La composición del *Guernica* contiene mucha fuerza expresiva. Parece una explosión que empieza en el centro del cuadro. El efecto de destrucción es aumentado por las formas afiladas, que nos recuerdan los dientes de una sierra —o de un animal feroz. Picasso no necesitó usar colores para hacernos sentir el terror y el dolor. No vemos ni el amarillo de las explosiones ni el rojo de la sangre o del fuego. Todo está representado en blanco, negro y gris.

7 El *Guernica,* más que una ilustración de un evento, es un símbolo universal de los horrores de la guerra, de todo lo que sufre la gente cuando se encuentra entre facciones que luchan por el poder.

8 Durante la Segunda Guerra Mundial, se llevó la pintura al museo de Arte Moderno de Nueva York. Permaneció allí hasta 1981, cuando la llevaron a España, donde ahora está en el Museo Nacional Centro de Arte Reina Sofía.

1 Against whom did the army rebel?

    A   the Spanish government of the Republic

    B   a small town in the north of Spain

    C   the population that was fighting the civil war

    D   the foreigners who came to Spain to fight

2 Which one of the following is <u>not</u> mentioned as being depicted in Picasso's *Guernica*?

    F   a terrified horse neighing

    G   a dead man on the ground

    H   a soldier with a sword

    J   a woman crying for her dead baby

3 According to the article, why is the painting such a universally known landmark in the history of art?

    A   It is realistic and easy to understand.

    B   It symbolizes for everyone the horrors of war.

    C   It is a symbol of Spain itself.

    D   It illustrates a particular event in history.

4 What is one of the most remarkable facts about the painting?

    F   It inspired the novel *For Whom the Bell Tolls*.

    G   It is entirely in shades of black, gray, and white.

    H   It has been shown in Paris, New York, and Madrid.

    J   The painter was a Spaniard living in France.

5 Usa información y detalles del artículo para hacer una lista de algunas de las cosas que la gente de todas partes del mundo hizo como reacción contra la guerra civil española.

6 Describe un evento especialmente emocionante o importante que conoces. Imagina que vas a representarlo en una obra de arte. ¿Qué símbolos usarás? ¿Usarás colores o materiales especiales o una técnica especial? Si es posible, dibuja la obra que te gustaría crear.

Test 29

Nombre: _____   Fecha: _____

1 Ⓐ Ⓑ Ⓒ Ⓓ   **2** Ⓕ Ⓖ Ⓗ Ⓙ   **3** Ⓐ Ⓑ Ⓒ Ⓓ

4 Ⓕ Ⓖ Ⓗ Ⓙ

5

READ
THINK
EXPLAIN

_____
_____
_____
_____
_____
_____

6

READ
THINK
CREATE

_____
_____
_____
_____
_____
_____
_____
_____
_____

STOP

Sara María Dolores Sánchez Papillón

Adaptado de un poema de Elizabeth Millán

Hace más de una semana que tiene sarampión
Sara María Dolores Sánchez Papillón.
Sus amigas no la pueden ver, ni ella las puede visitar—
ellas por miedo del sarampión y Sara por no contagiar.
5 ¡Pobrecita! Está aburridísima.
(Pero el médico dice que pronto va a estar sanísima.)
Ella está tan cansada—
¡prefiere estudiar que no hacer nada!
No mira la televisión
10 y no le gusta la música.
¡Necesita una solución—
buena y rapidísima!
Decide una mañana
mirar por la ventana
15 para ver lo que pasa
fuera de su casa.
¡Es casi increíble lo que ve Sara!
Es el circo de don Enrique Sierra—
¡el más fabuloso de la Tierra!

20 ¡Qué espectáculo! ¡Qué divertido!
Trapecistas, tigres, elefantes,
acróbatas, osos y leones gigantes.
Hay dos chimpancés que saben cantar
y cinco hipopótamos que pueden patinar.

25 ¡Y llegan tres osos que les enseñan a bailar!
Hay perros, rinocerontes y muchos payasos—
Que caminan sonriendo y dándose abrazos.
A Sara le encanta muchísimo la atracción
y pronto se olvida del sarampión.

30 Pero un momento ...
¿Qué es esto? ¿Y qué pasa?
El circo sube. ¿Es posible? ¡Todos suben a su casa!
Y entran todos en su dormitorio:
Los chimpancés y los hipopótamos con su repertorio,

35 los perros, los rinocerontes y los elefantes,
¡y ya entran los leones gigantes!
Los osos suben y bailan sobre la cama
y los acróbatas y trapecistas completan el drama.
¡Tanto ruido! ¡Tanta confusión!

40 (Sara ni ve a los payasos subir en camión.)
—¿Qué hago? ¿Qué hago? —dice la pobre.
—¿Por qué no bajan todos por la misma escalera
y me dejan tranquila? —por fin llora Sara.
Pero nadie la escucha ni ve cuando en el dormitorio

45 entra el doctor don Félix Retiborio.
El médico mira a todos y por fin proclama:
—Nadie puede salir hasta la próxima semana.
¡Gracias al sarampión
de Sara María Dolores Sánchez Papillón!

1 Why can't anyone come to see Sara?

    A   The doctor is coming.

    B   She's going to the circus.

    C   She prefers to study.

    D   She has the measles.

2 How does Sara feel at the beginning of the poem?

    F   bored to death

    G   afraid

    H   tired of watching TV

    J   really healthy

3 Beginning at line 30, how does Sara feel about the circus animals, acrobats, and clowns?

    A   She wishes they would use the stairs.

    B   She loves all the noise and confusion.

    C   She is afraid that none of them are having fun.

    D   She wishes they'd go away and leave her alone.

4 At the end of the poem, why can't anyone leave?

    F   The doctor is standing in the doorway.

    G   They've been exposed to measles and are now contagious.

    H   Sara's measles won't be gone until next week.

    J   They are all in one another's way.

5 READ THINK EXPLAIN — Cuando una persona está enferma de sarampión, a menudo tiene mucha fiebre también. Esto puede causar a la persona a tener pesadillas *(nightmares)*. ¿Crees que el poema describe una pesadilla o no? ¿Por qué?

6 READ THINK CREATE — Escoge por lo menos dos líneas del poema y cámbialas. No te olvides ni de la rima ni del metro. Puedes cambiar un evento o una circunstancia del poema. Tienes que mantener la misma rima y el metro de las líneas originales.

Nombre: _____ Fecha: _____

1 Ⓐ Ⓑ Ⓒ Ⓓ   **2** Ⓕ Ⓖ Ⓗ Ⓙ   **3** Ⓐ Ⓑ Ⓒ Ⓓ

4 Ⓕ Ⓖ Ⓗ Ⓙ

5

READ
THINK
EXPLAIN

_____

_____

_____

_____

_____

_____

6

READ
THINK
CREATE

_____

_____

_____

_____

_____

_____

_____

_____

_____

_____

STOP

¡Pobre inocente!

En los países de habla española a muchas personas les gusta gastar bromas *(play jokes)* a los demás el 28 de diciembre. Ese día es como el primero de abril en los Estados Unidos. En los países hispanos se llama el Día de los Inocentes y es también una fiesta religiosa que conmemora a los niños inocentes que mató el rey Herodes en tiempos bíblicos. El cuento que sigue se trata de unos jóvenes y un señor mayor que no se llevaban nada bien.

1 Hace muchos años en el pueblo colonial de Tunja, Colombia, vivía un señor español de unos cincuenta años. Era un señor alto, delgado y muy elegante. Tenía unos modales perfectos: hablaba cortésmente con todo el mundo, nunca hablaba mal de nadie porque no era chismoso, sabía escuchar a sus amigos y, por supuesto, nunca gritaba. Tenía mucha paciencia y nunca se ponía furioso. También era un esposo ideal: cariñoso, comprensivo, generoso y nada celoso. Si tenía algún defectillo era que se tomaba a sí mismo demasiado en serio. Y, quizás, era un poquito vanidoso. Este señor se llamaba don Agustín Pérez Aguirre de la Quesada, y parece que era primo del virrey de Nueva Granada (que es cómo se llamaba Colombia en aquellos años). Como don Agustín se tomaba a sí mismo tan en serio, a algunos de los jóvenes del pueblo les encantaba gastarle bromas el 28 de diciembre.

2 Así fue que un año, y con fecha del 28 de diciembre, un grupo de estos jóvenes decidieron llamar ruidosamente a la puerta de don Agustín. Llamaron a unos minutos después de la medianoche porque sabían que a estas horas, el buen señor estaba durmiendo. El primer año que llamaron a la puerta, despertaron a don Agustín, que bajó rápidamente las escaleras de su casa pensando que se trataba de una emergencia. Al abrir la puerta, los traviesos le gritaron "¡Pobre inocente!" y se fueron corriendo y riéndose. Don Agustín se molestó un poco pero los perdonó.

3 El segundo año los chicos volvieron a hacer lo mismo. El pobre señor bajó las escaleras, casi cayéndose en el pasillo, y abrió la puerta. Los chicos lo saludaron con "¡Pobre inocente!" y se escaparon. Esta vez don Agustín se enojó un poco y cuando vio a los jóvenes al día siguiente, les preguntó cómo se atrevían a hacerle estas cosas. Los chicos no contestaron.

4 El tercer año, unos minutos después de la medianoche, volvieron a llamar a la puerta. Esta vez nuestro caballero estaba bien preparado. Desde la ventana de su dormitorio, que estaba exactamente por encima de la puerta, les echó agua muy fría. Los chicos casi no tuvieron tiempo de gritar "¡Pobre inocente!" antes de escaparse.

5 Ya para el cuarto año, el señor estaba cansadísimo de estas bromas. Decidió dejar una nota en la puerta que decía: "Si ustedes vuelven a llamar, voy a hablar con sus padres y con la policía. ¡No tolero más estas bromas!" Segurísimo de que su plan era bueno, don Agustín se acostó aquella noche tranquilamente.

6 Sin embargo, unos minutos después de la medianoche alguien llamaba a la puerta. Pensando que eran los chicos otra vez, don Agustín abrió la ventana de su dormitorio decidido a gritarles porque, francamente, estaba perdiendo la paciencia. Pero no eran los chicos de siempre; era un oficial joven y elegante y, a su lado, un precioso caballo.

7 —Perdone, señor. ¿Es Ud. don Agustín Pérez Aguirre de la Quesada, primo de nuestro ilustre virrey? —preguntó cortésmente el oficial.

8 —Sí, soy yo —contestó don Agustín.

9 —Señor, tengo el honor de entregarle una carta muy importante del rey de España —le dijo el joven.

10 Muy emocionado al escuchar estas palabras, don Agustín se vistió con su mejor traje para tan importante ocasión y corrió a la planta baja para abrirle la puerta. En seguida, el joven le entregó la carta que estaba dentro de un <u>sobre</u> grande y elegantísimo. Sin esperar la contestación del señor, el oficial se despidió de él, montó en su caballo y se fue.

11 Don Agustín abrió el sobre y leyó el mensaje de la carta: "¡Pobre inocente!"

1 Which of the following characteristics does <u>not</u> describe don Agustín?

    A   He was a model husband.

    B   He was even-tempered.

    C   He was a bit of a gossip.

    D   He knew how to listen.

2 The young men enjoyed playing jokes on don Agustín because

    F   he always laughed at their jokes.

    G   he was the viceroy's cousin.

    H   he took himself so seriously.

    J   he was the nicest man in town.

3 What does the word *sobre* mean in paragraph 10?

    A   about

    B   book

    C   letter

    D   envelope

4 The reader realizes that the young men in the town

    F   want don Agustín to like them.

    G   continue to play jokes on don Agustín.

    H   have decided to mend their ways.

    J   are nephews of the viceroy.

5 READ THINK EXPLAIN   ¿Qué cualidades deben tener tus amigos? Haz una lista de cinco cualidades.

6 READ THINK EXPLAIN   Describe una broma que gastaste tú una vez el primero de abril.

Nombre: _____ Fecha: _____

1 Ⓐ Ⓑ Ⓒ Ⓓ **2** Ⓕ Ⓖ Ⓗ Ⓙ **3** Ⓐ Ⓑ Ⓒ Ⓓ

4 Ⓕ Ⓖ Ⓗ Ⓙ

5

READ
THINK
EXPLAIN

_____
_____
_____
_____
_____
_____

6

READ
THINK
EXPLAIN

_____
_____
_____
_____
_____
_____
_____
_____

STOP

Organizaciones de voluntarios

Hay muchas organizaciones en las que puedes trabajar como voluntario(a) para ayudar
a los demás, en tu comunidad o en otros países del mundo. Cuando ayudas a las
personas, también te ayudas a ti mismo(a) porque conoces nuevos países, situaciones y personas.
Aquí tienes dos ejemplos de organizaciones de voluntarios.

Peace Corps

1   Ésta es una organización de voluntarios que estableció el Congreso de los Estados Unidos hace más de 40 años. Su misión es trabajar por la paz y el entendimiento en todo el mundo. Esta organización envía a personas entrenadas como voluntarios a los países necesitados e interesados en el programa. Las áreas en las que la organización puede ayudar son educación, medio ambiente, salud, agricultura y economía.

2   Muchos jóvenes estadounidenses sirven como voluntarios del Peace Corps; desde que se fundó en 1961, más de 170.000 voluntarios han servido en unos 136 países de África, América Central, América del Sur, Asia y Europa. Estos jóvenes ayudan a la gente y también aprenden mucho sobre la cultura y el idioma del país en el que están situados. Los voluntarios reciben tres meses de entrenamiento y después viven dos años en el país asignado. Muchos voluntarios repiten la experiencia varias veces.

3   Una joven que sirvió como voluntaria en Paraguay describe su experiencia en este pequeño país sudamericano:

4   "Cuando llegué a Paraguay, trabajé como consultora de un nuevo programa para enseñar a los niños preescolares. En el pasado, no hubo programas como éste y los niños entraron en el primer grado sin ninguna preparación. Muchos de estos niños sólo hablaban guaraní y como resultado tuvieron que quedarse en este grado por más de un año porque les faltaba preparación adecuada. Después de trabajar en ese programa por dos años, decidí quedarme en Paraguay un año más. Trabajé como coordinadora de un programa de salud para la oficina del Peace Corps en Asunción. En este trabajo, viajé a diferentes lugares para ayudar a los nuevos voluntarios. Y durante los últimos tres meses, trabajé para establecer un nuevo proyecto para los jóvenes. Para mí, la experiencia de ser voluntaria para el Peace Corps fue una de las más difíciles de toda mi vida pero también una de las más importantes."

AmeriCorps

5   AmeriCorps es una organización de voluntarios que trabajan en las comunidades urbanas y rurales de los Estados Unidos. En 1993, el Presidente Clinton firmó el *National and Community Service Trust Act* que estableció la *Corporation for National Service,* una corporación encargada de servir a las comunidades de los Estados Unidos.

6   En 1994, los primeros voluntarios empezaron a servir en más de 1.000 comunidades. En los cinco primeros años, más de 100.000 voluntarios enseñaron a los niños a leer, hicieron más seguras las comunidades, ayudaron a las víctimas de desastres naturales y participaron en otras actividades que beneficiaron a personas y comunidades necesitadas. Después de terminar su servicio, casi el 99 por ciento de los voluntarios de AmeriCorps dicen que piensan seguir sirviendo a la comunidad.

7   Una voluntaria describe así sus sentimientos sobre servir a la comunidad: "Antes de trabajar como voluntaria para AmeriCorps, nunca hice servicio comunitario. Ahora pienso dedicarme a hacerlo cuando tenga tiempo libre."

8   Otro voluntario dice: "No sabía nada sobre organizaciones como AmeriCorps. Creo que AmeriCorps me enseñó cómo funciona esta clase de organizaciones."

9   Otra ventaja de servir como voluntario de AmeriCorps es obtener habilidades que se pueden usar en el mundo del trabajo.

1 Which one of the following is <u>not</u> an area in which the Peace Corps offers assistance?

    A   education   **C**   environment

    B   health   **D**   athletic training

2 Three of the following statements are false. Which one is true?

    F   Peace Corps volunteers don't learn about other cultures and languages.

    G   Peace Corps volunteers receive no special training.

    H   Peace Corps volunteers serve throughout the world.

    J   Peace Corps volunteers usually serve for a period of three years.

3 AmeriCorps was created to

    A   compete with the Peace Corps.

    B   provide community-service opportunities in the United States.

    C   provide community-service opportunities throughout the world.

    D   provide job-training opportunities for interested citizens.

4 According to the article, which of the following is <u>not</u> one of the advantages of joining AmeriCorps?

    F   learning to speak another language

    G   getting involved in community-service programs

    H   learning skills that may be valuable to employers

    J   motivating others to participate in community-service activities

5 Three of the following statements are true. Which one is false?

    A   Peace Corps and AmeriCorps volunteers often choose to extend their service.

    B   Peace Corps and AmeriCorps volunteers participate in community-service activities that improve the quality of life for others.

    C   Peace Corps and AmeriCorps have been in existence for more than 40 years.

    D   Peace Corps and AmeriCorps were created by Acts of Congress.

6 READ THINK EXPLAIN ¿Por qué crees que la experiencia de la voluntaria en Paraguay fue tan difícil para la jóven del artículo?

7 READ THINK EXPLAIN Imagina que quieres trabajar como voluntario(a) para una de estas dos organizaciones. ¿Para cuál te gustaría trabajar? ¿Por qué?

Test 32

Nombre: _____ Fecha: _____

1 Ⓐ Ⓑ Ⓒ Ⓓ **2** Ⓕ Ⓖ Ⓗ Ⓙ **3** Ⓐ Ⓑ Ⓒ Ⓓ

4 Ⓕ Ⓖ Ⓗ Ⓙ **5** Ⓐ Ⓑ Ⓒ Ⓓ

6

READ
THINK
EXPLAIN

_____

_____

_____

_____

_____

_____

7

READ
THINK
EXPLAIN

_____

_____

_____

_____

_____

_____

_____

_____

_____

STOP

Viaje a la Luna

Adaptado de un cuento de Judy Veramendi

¿Qué hay en tu futuro? ¿Quizás un viaje en una nave espacial *(spaceship)*?

1 ¡Estoy contentísima porque gané un concurso de ciencias de mi escuela, y el premio ha sido un viaje al Centro Espacial Kennedy en la Florida! Me fascina todo lo relacionado con la exploración espacial y sigo con gran interés los viajes al espacio y las investigaciones científicas de Marte, Júpiter, Saturno y otros planetas. Pienso estudiar astronomía en la universidad y luego hacerme astronauta para poder viajar al espacio. Por eso el viaje al Centro Espacial es una gran oportunidad. Voy a ver naves espaciales, y quizás puedo entrar en una de ellas. ¡Qué emocionante!

2 Hoy es el día del viaje y ya he subido al avión que nos llevará a Orlando. Durante el viaje empiezo a pensar en tantas cosas ... imagino que estoy delante de los controles de una nave espacial ... ¡en vuelo a Marte!

3 El resto del viaje pasa muy rápido, y pronto llegamos al Centro Espacial. Estoy con un grupo de otros estudiantes y un ingeniero de NASA nos habla de los avances tecnológicos más recientes. Como me interesa todo, me quedo un poco separada del grupo y miro las cosas otra vez. Pronto me doy cuenta de que estoy completamente sola. ¿Dónde estarán los demás? Sigo por un pasillo y veo una puerta cerrada con un letrero que dice "Prohibido entrar." Sin pensarlo dos veces, entro rápidamente por esa puerta.

4 Ya estoy dentro de un cuarto enorme y oscuro, pero en el centro hay una nave espacial tan blanca e iluminosa, que no necesito encender la luz. De sus motores se escapan pequeñas nubes de vapor. Una escalera altísima llega hasta la puerta de la nave. No hay nadie, así que me atrevo a subir la escalera, entrar en la nave y sentarme delante de los controles. La puerta se cierra automáticamente y de repente oigo un tremendo ruido y todo empieza a vibrar. Por una ventanilla veo que el techo del edificio en el que estoy se está abriendo lentamente.

5 De repente, una voz como de computadora dice: —Todo está listo. ¡Prepárense!

6 Sigo sentada, llena de emoción. No tengo miedo, porque estoy realizando lo que más quiero en la vida. La nave sube y delante de mí veo el cielo azul. En seguida siento una fuerza enorme contra mi pecho y casi no puedo respirar. Y es dificilísimo moverme la cabeza —parece hecha de piedra. Poco a poco la presión desaparece y de repente estoy flotando en el aire como si fuera una nube. Por la ventanilla veo todo el continente americano. El cielo que antes era azul se ha puesto negro y hay millones de estrellas. ¡Qué espectáculo! Ahora veo la Tierra entera. Se parece a un precioso globo azul y blanco, suspendido en el espacio.

7 Poco a poco la Tierra se hace más pequeña, pero la Luna ya es un enorme disco blanquísimo que se hace más grande a cada paso. Creo que la nave está programada para ir a la Luna. ¡Voy a ser la primera mujer que va a la Luna!

8 Otra vez oigo la voz de computadora: —Soy su piloto. Dentro de unos minutos llegamos a Orlando.

9 ¿Orlando? ¡Pero Orlando está en la Florida! Alguien me dice: —Despiértese señorita, por favor, y abróchese el cinturón. Ya llegamos. Vamos a <u>aterrizar</u> en unos minutos.

10 Abro los ojos y me doy cuenta de que es la auxiliar de vuelo. Miro por la ventanilla del avión y veo el aeropuerto de Orlando. Estoy un poco triste porque en realidad yo nunca había salido de mi asiento del avión. Pero ... ¿qué pasará en el Centro Espacial? ¡Pueden ocurrir muchas cosas ... !

1 The first three paragraphs are mainly about

  A the writer's adventures on the spacecraft.

  B the writer's interest in outer space and her trip to Orlando.

  C a description of NASA.

  D the writer's trip to outer space.

2 What did the writer <u>not</u> see during her trip to outer space?

  F the entire Earth

  G the American continent

  H Mars

  J the Moon

3 What is the importance of paragraph 8?

  A It explains why the writer really went to Orlando.

  B It describes the airline pilot.

  C It shows that the writer had been dreaming.

  D It demonstrates that computers are human.

4 What does *aterrizar* mean in paragraph 9?

  F visit

  G terrify

  H land

  J take off

5   Imagina que estás en un Centro Espacial y estás delante de una puerta con un letrero que dice "Prohibido entrar." ¿Entras o no? Explica porqué.

6 Eres astronauta y acabas de regresar de un viaje al espacio. Describe tu viaje —tus emociones y lo que viste desde la nave espacial.

Nombre: _____   Fecha: _____

1 Ⓐ Ⓑ Ⓒ Ⓓ   **2** Ⓕ Ⓖ Ⓗ Ⓙ   **3** Ⓐ Ⓑ Ⓒ Ⓓ

4 Ⓕ Ⓖ Ⓗ Ⓙ

5

READ
THINK
EXPLAIN

_____
_____
_____
_____
_____
_____
_____

6

READ
THINK
CREATE

_____
_____
_____
_____
_____
_____
_____
_____
_____

STOP

Una leyenda afrocubana

Los esclavos *(slaves)* africanos que fueron llevados a Cuba en el siglo XVI contaron historias fantásticas llamadas *patakines* para conservar sus tradiciones y creencias. Éstas sirvieron para enseñar lecciones, o moralejas, sobre la vida. La siguiente historia nos relata cómo el dios Obatalá escogió a la mejor persona para ser líder de todo el mundo.

1 Hace mucho tiempo, Obatalá observó que Orula era muy imaginativo. En más de una ocasión pensó que podía ser líder de todo el mundo, pero al pensarlo con cuidado decidió que Orula era demasiado joven para una misión de tanta importancia. Sin embargo, un día Obatalá quiso saber si Orula era tan capaz como parecía, y le dijo: —Prepárame la mejor comida posible.

2 Orula escuchó lo que le pidió Obatalá y, sin responder, fue directamente al mercado para comprar una lengua de toro. La preparó usando condimentos y la cocinó de una manera tan singular que Obatalá se la comió. Cuando terminó la comida, Obatalá le preguntó por qué la lengua era la mejor comida que se podía preparar. Orula respondió a Obatalá: —Con la lengua se considera todos los aspectos de una discusión, se proclama la virtud, se exaltan las obras y los modales, y también se dicen cosas muy buenas sobre las personas . . .

3 Cuando pasó algún tiempo, Obatalá le dijo a Orula: —Prepárame otra comida, pero esta vez debe ser la peor comida posible.

4 Orula regresó al mercado, compró otra lengua de toro, la cocinó y se la presentó a Obatalá.

5 Cuando Obatalá vio la misma comida, le dijo: —¡Orula!, ¿cómo es posible? Cuando me serviste esta comida antes me dijiste que era la mejor, y ahora me la presentas como la peor.

6 Orula respondió a Obatalá: —Es verdad que antes te dije que era la mejor. Pero ahora te digo que es la peor, porque con ella se vende y se pierde a todos los habitantes de una comunidad, se dicen cosas malas contra las personas, se destruye su buena reputación y se hacen las acciones más crueles que sean posibles.

7 Obatalá, maravillado de la inteligencia y <u>precocidad</u> de Orula, lo proclamó líder de todo el mundo.

1 Why did Obatalá order Orula to cook the best meal possible?

   A   to prove that he was the best chef around

   B   to prove that he was capable of finding a market that sold the best ingredients

   C   to prove that he was capable of ruling the entire world

   D   to prove that he was too young to cook such a meal

2 According to Orula, what was one reason why the bull's tongue was the best meal?

   F   It was prepared with the right condiments.

   G   It was prepared in a special way.

   H   It allowed someone to say nice things about himself or herself.

   J   It allowed someone to weigh all sides of an issue.

3 According to Orula, what was one reason why the bull's tongue was also the worst meal?

   A   It was purchased from a different market.

   B   It was served without being cooked.

   C   It allowed someone to do the cruelest things possible.

   D   It prevented someone from saying uncomplimentary things about others.

4 Based on what the reader knows about Orula, the word _precocidad_ in paragraph 7 is the quality of showing

   F   a great sense of humor.

   G   mature qualities at an early age.

   H   excellent cooking skills.

   J   great shopping skills.

5 ¿Qué crees que simboliza la lengua en esta leyenda? ¿Qué moraleja crees que enseña esta leyenda?

6 ¿En qué se parecen esta leyenda y otras leyendas que conoces?

Nombre: _____   Fecha: _____

1 Ⓐ Ⓑ Ⓒ Ⓓ   **2** Ⓕ Ⓖ Ⓗ Ⓙ   **3** Ⓐ Ⓑ Ⓒ Ⓓ

4 Ⓕ Ⓖ Ⓗ Ⓙ

5

READ
THINK
EXPLAIN

_____

_____

_____

_____

_____

_____

6

READ
THINK
EXPLAIN

_____

_____

_____

_____

_____

_____

_____

_____

STOP

La herencia hispana
en los Estados Unidos

**En los Estados Unidos hay muchos pueblos y ciudades
que tienen una importante herencia hispana y que hoy día tienen una población hispana
bastante grande. Aquí tienes cuatro ejemplos.**

San Diego

San Diego es la segunda ciudad más grande del estado de California y la séptima más grande de los Estados Unidos. Tiene más de un millón y cuarto de habitantes. Muchas veces se dice que San Diego es el lugar donde empezó el estado de California. En 1542 Juan Rodríguez Cabrillo llegó a este lugar, que no se llamó San Diego hasta sesenta años más tarde. En 1769 Fray Junípero Serra fundó allí la primera de sus nueve misiones en California. Hoy día es una ciudad importante por el turismo y la industria de las computadoras.

St. Augustine (San Agustín)

Esta ciudad está en el noreste de la Florida, en la costa del océano Atlántico. San Agustín fue la primera ciudad fundada por los españoles en el territorio que hoy es los Estados Unidos.

Empezó como una misión religiosa fundada en 1565 por el español Pedro Menéndez de Avilés. Hoy día es una ciudad de 12.000 habitantes, más o menos, que vive del turismo. San Agustín todavía conserva un centro antiguo donde se pueden ver arquitectura colonial muy bonita y la iglesia de la antigua misión.

Santa Fe

Santa Fe fue fundada en 1609 como la capital de la colonia española de Nuevo México. En aquel tiempo, Santa Fe era una ciudad muy importante para el comercio entre todas las colonias españolas del continente americano, porque aquí terminaba el Camino Real, una "carretera" que empezaba en Perú y pasaba por todo el continente. Hoy es una ciudad que está de moda porque su vida cultural es muy interesante. Muchos artistas y artesanos viven allí. A los turistas les encanta Santa Fe por sus museos, galerías de arte y exposiciones de arte

indígena. Todavía conserva su identidad colonial española en su arquitectura y en su estilo de vida.

Laredo

Esta ciudad está en el sur del estado de Texas, al lado del río Grande. El 90 por ciento de sus habitantes son hispanos.

Laredo fue el primer lugar fundado por los españoles en los Estados Unidos, en 1755, que no era ni religioso ni militar. Después de la guerra de 1848 entre México y los Estados Unidos, cuando se estableció la frontera entre los dos países, los habitantes de Laredo que querían ser mexicanos fundaron la ciudad de Nuevo Laredo, al otro lado del río Grande, en México. Hoy día, Laredo está creciendo más rápidamente que cualquiera otra ciudad en Texas. Todavía conserva su centro histórico y antiguo de tradición española, que incluye el mercado y la iglesia de San Agustín.

1 What types of buildings typically remain as remnants of Spanish heritage in the United States?

    A   business establishments

    B   educational institutions

    C   municipal buildings

    D   churches

2 Based on the reading, which one of the following statements is <u>not</u> true?

    F   All four cities are important to the economy of their states.

    G   All four cities were initially religious centers or missions.

    H   All four cities have preserved their Spanish heritage through architecture.

    J   All four cities are located in states with large Spanish-speaking populations.

3 Which of the cities mentioned in the article received its present name sixty years after it was founded?

    A   San Diego

    B   Laredo

    C   St. Augustine

    D   Santa Fe

4 El Camino Real was a highway that

    F   began in Peru and ended in Florida.

    G   began in Peru and ended in Santa Fe.

    H   began in Florida and ended in Santa Fe.

    J   began and ended in Nuevo México.

5 READ THINK EXPLAIN

Imagina que es 1848 y que vives en la región de la nueva frontera entre los Estados Unidos y México. ¿Dónde prefieres vivir, en Nuevo Laredo o en Laredo? Explica tu respuesta.

6 READ THINK EXPLAIN

¿Hay ejemplos de la herencia hispana en tu comunidad? ¿Cuáles son? Si no hay ejemplos, ¿por qué no existen?

Nombre: _____   Fecha: _____

1 Ⓐ Ⓑ Ⓒ Ⓓ   **2** Ⓕ Ⓖ Ⓗ Ⓙ   **3** Ⓐ Ⓑ Ⓒ Ⓓ

4 Ⓕ Ⓖ Ⓗ Ⓙ

5

READ
THINK
EXPLAIN

_____
_____
_____
_____
_____
_____

6

READ
THINK
EXPLAIN

_____
_____
_____
_____
_____
_____
_____
_____
_____

STOP

Greenpeace
en el mundo hispano

1 Greenpeace es una organización internacional que trabaja para proteger el medio ambiente y para mantener el equilibrio ecológico del mundo. La organización se dedica a actividades como las siguientes: reducir el número de barcos de pesca para proteger la biodiversidad marina; eliminar la contaminación del aire y del agua para proteger la salud de los seres humanos y de los animales; eliminar el uso de fuentes de energía tradicionales, como petróleo, carbón, gas natural y nuclear, y usar fuentes renovables, como solar o del viento, para evitar peligrosos cambios en el clima.

A proteger el Mediterráneo

2 El mar Mediterráneo está en peligro. Los grupos ecologistas como Greenpeace-España están haciendo una campaña ecológica para proteger los peces y otros animales marinos y también a la gente que va a la playa. Unas cincuenta personas trabajan para la organización. También hay muchos jóvenes voluntarios que ayudan a Greenpeace.

3 Según Greenpeace-España, se prohíbe bañarse en algunas playas españolas porque hay bacterias en el agua que enferman a la gente. Para resolver este problema, Greenpeace recomienda la eliminación de los ácidos que usa la industria papelera porque éstos contaminan el mar. Para proteger los peces y otros animales marinos, Greenpeace captura los barcos de pesca ilegales. La Unión Europea sólo permite a los pescadores capturar un número determinado de peces. Greenpeace usa un barco y un helicóptero para buscar a los pescadores que capturan demasiados peces.

A proteger las costas de México

4 Hay problemas ecológicos en México también. Los grupos ecologistas creen que la muerte de muchas ballenas cerca de las costas de México se debe a la contaminación del agua por pesticidas y basura. Y esta contaminación también puede hacer daño a los seres humanos si comen mariscos del área contaminada. Según Roberto López, representante de Greenpeace-México, el golfo de California en particular está muy contaminado. Su organización recomienda una investigación para determinar la causa de la contaminación. Greenpeace-México también protesta contra echar materiales tóxicos cerca de la costa del golfo de México. Se dice que Pemex, el mayor productor de petróleo en México, echa estos materiales en los ríos y por eso el agua está contaminada.

1 According to the article, which of the following is <u>not</u> one of Greenpeace's environmental objectives?

    A   to protect the health of humans and animals by eliminating pollutants

    B   to prevent dangerous climactic changes by phasing out fossil fuels and replacing them with renewable energy sources

    C   to safeguard marine biodiversity by reducing the number of fishing boats

    D   to change the world's ecological balance

2 What solutions has Greenpeace-España proposed for Spain's environmental problems?

    F   eliminating the use of acids by the paper industry to avoid contamination of the water

    G   hiring more volunteers to work with their organization

    H   capturing fishing boats that catch less than the allowable number of fish

    J   not allowing people to swim at beaches with contaminated water

3 Which of the following pollutants was <u>not</u> mentioned as a possible cause for the environmental problems along Mexico's coasts?

    A   pesticides and garbage

    B   toxic waste

    C   coal

    D   petroleum

4   Imagina que un(a) ecólogo(a) famoso(a) va a visitar tu escuela. Escribe tres preguntas que te gustaría hacerle sobre su profesión. Piensa en algunos de los problemas ecológicos mencionados en la lectura para ayudarte a escribir tus preguntas.

5   Para celebrar el Día de la Tierra, cada estudiante va a escribir un párrafo para la revista literaria escolar sobre lo que hace su comunidad para proteger el medio ambiente. Antes de escribir tu párrafo, haz una lista de lo que hace tu comunidad. Después, escribe un párrafo de por lo menos cinco o seis frases. No te olvides de mencionar lo que tu familia y tu escuela hacen para proteger el medio ambiente.

Test 36

Nombre: _____   Fecha: _____

1 Ⓐ Ⓑ Ⓒ Ⓓ   **2** Ⓕ Ⓖ Ⓗ Ⓙ   **3** Ⓐ Ⓑ Ⓒ Ⓓ

4

READ
THINK
CREATE

_____

_____

_____

_____

_____

_____

5

READ
THINK
CREATE

_____

_____

_____

_____

_____

_____

_____

_____

STOP

Mary McLeod Bethune

1 En 1904, una joven profesora afroamericana llegó a Daytona Beach, Florida. Tenía el sueño de fundar una escuela para enseñar a jóvenes afroamericanas las habilidades que necesitaban para obtener empleos. Su nombre era Mary McLeod Bethune, y su mejor cualidad era su determinación. Encontró una pequeña casa y dio un depósito de $1.50 para obtenerla. Con sólo cinco estudiantes, Bethune fundó su escuela, Daytona Normal and Industrial Institute for Girls.

2 Al principio, el éxito parecía imposible. En aquel tiempo, en el sur de los Estados Unidos, los estudiantes blancos y negros no podían ir a la misma escuela. Era ilegal. Las escuelas para los estudiantes negros recibían poco dinero, y por eso Bethune y sus estudiantes se dedicaron a hacer y vender tartas todos los días para ganar dinero. Bethune también recogía cosas de la basura de los hoteles para turistas y de la basura de la ciudad. Bethune y sus estudiantes limpiaban, reparaban y usaban lo que encontraban.

3 Bethune también pidió ayuda a la gente rica de Daytona. James B. Gamble, de la corporación Procter and Gamble, admiraba mucho la determinación de Bethune. Decidió donar dinero a su escuela, y sirvió como uno de sus directores. Las acciones de Gamble inspiraron a otros. Con su ayuda, Bethune construyó una escuela apropiada para sus estudiantes.

4 En 1923, la escuela de Bethune se juntó con una escuela que era sólo para hombres. Esta nueva escuela se llamó Bethune-Cookman College.

5 Más tarde, Mary McLeod Bethune formó el National Council of Negro Women, dirigió otras organizaciones y fue consejera a dos presidentes de

Bethune enfrente de White Hall en Bethune-Cookman College, Daytona Beach, Florida, 1943

los Estados Unidos. En 1954, después de la decisión de la Corte Suprema sobre *Brown v. Board of Education of Topeka,* Bethune expresó las ideas que guiaron su vida:

"Bajo la Constitución, no puede haber democracia dividida, … ni un país medio libre. Por eso, no puede haber discriminación, ni segregación, ni separación de algunos ciudadanos de los derechos que tienen todos los ciudadanos."

Dra. Mary McLeod Bethune (1875–1955)

1 What was Bethune's goal in creating a school for African American girls?

    A   to teach them general school subjects

    B   to prove that African Americans valued education

    C   to train them to be social and political advocates for African Americans

    D   to teach them job skills

2 According to the article, why would it have been impossible for Bethune to start a school that accepted both black and white children?

    F   White people wouldn't send their children there.

    G   In some states it was against the law for students of both races to attend the same school.

    H   She didn't have funds to build a big enough school.

    J   Her teaching staff refused to teach mixed-race classes.

3 What did Bethune and her students do to raise money for the school?

    A   They went door to door selling things other people had thrown away.

    B   They wrote to churches and other community organizations.

    C   They baked and sold pies.

    D   They formed other organizations to help African Americans.

4 Which one of the following did Bethune <u>not</u> do later in life?

    F   She formed the National Council of Negro Women.

    G   She served as United States ambassador to several countries.

    H   She led several organizations.

    J   She advised Presidents.

5 READ THINK EXPLAIN   Lee de nuevo lo que dice Bethune sobre la democracia y la libertad. Nombra dos derechos que, bajo la Constitución, tienen todos los ciudadanos.

6 READ THINK EXPLAIN   ¿Qué otras cualidades, además de determinación, crees que Mary McLeod Bethune tenía para realizar lo que hizo? Explica tu respuesta.

Nombre: _____ Fecha: _____

1 Ⓐ Ⓑ Ⓒ Ⓓ   **2** Ⓕ Ⓖ Ⓗ Ⓙ   **3** Ⓐ Ⓑ Ⓒ Ⓓ

4 Ⓕ Ⓖ Ⓗ Ⓙ

5

READ
THINK
EXPLAIN

6

READ
THINK
EXPLAIN

STOP